知らないと損する給与明細

大村大次郎
Omura Ojiro

小学館新書

知らないと損する給与明細　目次

支給日　　平成28年4月25日

受領印

控	除
健康保険料	23,429
介護保険料	3,713
厚生年金保険	41,896
雇用保険料	2,415
社会保険料計	71,453
所得税	7,430
住民税	21,900
財形貯蓄	20,000
生命保険料	20,000
個人年金保険	10,000
個人介護保険	5,000
合　計	155,783

そ　の　他	
合　計	0

差引支給額	327,161

振込支給額	
振込(A口座)	227,161
振込(B口座)	100,000
合　計	327,161

現金支給額	0

現物支給額	0

平成28年　4月分給与　明細書

小学商事株式会社

氏　名 (101123)　小学太郎　様

所　属 業務部

勤	怠	支	給
所定就労日	20.00	基本給	350,000
出勤日数	21.00	役職手当	35,000
所定労働時間	160:00	家族手当	15,000
労働時間	178:00	住宅手当	10,000
欠勤日数	0.00		
所定休日出勤日数	0.00	非課税通勤費	16,480
法定休日出勤日数	1.00	課税通勤費	0
普通残業時間	10:00	普通残業手当	30,292
深夜勤務時間	0:00	深夜勤務手当	0
所定休日出勤時間	0:00	所定休日手当	0
法定休日出勤時間	8:00	法定休日手当	26,172
		欠勤控除	0
		遅刻早退控除	0
有給日数	1.00		
有給残日数	12.00		
		課税支給合計	466,464
税　額　表	甲欄	非税支給合計	16,480
扶 養 人 数	3	合　　計	482,944

序章

なぜ同じ給料なのに手取りが違うのか

意外と知らない「給与明細」

「給与明細」というと、サラリーマンの方は毎月楽しみにしているはずです。

ですが、この「給与明細」の内容をちゃんと理解している人はけっこう少ないのではないでしょうか？

とりあえず、「振込金額」だけを確認するという人がほとんどかと思います。

実は、これってけっこう損をしているのです。

給与明細には、あなたの収入だけじゃなく、貯蓄、税金、社会保障に関する情報が満載です。この情報をうまく生かすことができれば、収入を増やしたり、支出を減らしたり、資産を大きくすることも可能です。

社会保険料の額や、個人保険の額を見れば、自分が将来どのくらいの年金がもらえるか、何かあったときにどのくらいの保障があるのか、ということがわかります。

またこの給与明細を読み込むことで、自分の手取りを増やせる可能性だってあるのです。

試しに総支給額（支給の合計）という欄を見てください。そして次に振込支給額の欄を見てください。

相当大きな開きがあると思いませんか？

総支給額が50万円の人でも、手取り金額は40万円を大きく切っている、というような人がほとんどでしょう。中には30万円近くになっている人も少なくありません。

総支給額の50万円は本来あなたのものです。が、この50万円の中から、税金や保険料等「あれやこれや」を引かれることにより、40万円を大きく割り込んでいるのです。

もし「あれやこれや」の金額を減らすことができれば、あなたの手取りは増えます。

「あれやこれや引かれている金額」というのは、決められた額であり、誰しもが必ず払わなくてはならない、と思っている人も多いかもしれません。

しかし、決してそうではありません。

工夫次第でかなり小さくすることができます。もちろん、そうするためには、まずは給与明細を読みこなせなくてはなりません。給与明細をきちんと読めるのと、読めないのとでは、大違いなのです。

手取りを増やすとはどういうことか？

手取りを増やすとはどういうことか、具体的にお話ししていきましょう。

前述しましたように、サラリーマンは給料から税金や社会保険が引かれています。この天引き分は、少ない人でも2割くらいはあるはずで、多い人では4割近く引かれている場合もあるはずです。この天引きされているものを減らせれば、自分の手取りが増えるわけです。その天引きされる金額というのは、すべてのサラリーマンが一定している、ということではありません。

家族構成や、入っている個人保険の額などで大きく変わってきます。

そして、家族構成なども、一緒に住んでいる家族の数ですべてが決まるわけではありません。遠方に住んでいる両親、親元を離れている子どもなども、実は、給料の手取り額に大きな影響を与える可能性があるのです。

また個人保険も、いろいろな種類があり、いろいろな保険に入っている人も多いものです。生命保険だけではなく、地震保険などにも、多くの人が入っているはずです。また民間の年金保険や介護保険に入っている人も昨今かなり増えています。そういう保険類をすべて申告すれば、けっこう税金が安くなります。

しかし、多くのサラリーマンはそういうことを知りません。

ただ会社に言われるままに、現在の家族構成を書類に書いて提出し、入っている生命保険の報告をして、それで終わりにしている人がほとんどでしょう。

筆者の感覚では、サラリーマンの半分以上の人は、ちゃんと手続きすれば、今よりも手取りが増えると思われます。

「会社がいいようにやってくれる」と思ったら大間違い

サラリーマンの方は、税金などのことはすべて会社がやってくれるもの、と思い込んでいる人が多いようです。

でも、それは大きな間違いです。

会社は最低限度のことしかやってくれないのです。サラリーマンが使える所得控除14種類のうち、会社がやってくれるのは、3～4種類に過ぎません。それ以外の所得控除をやろうと思ったら、自分で動くしかないのです。

そもそも、会社がなぜ社員の税金の計算までやってくれるのかというと、税法でそれが決まっているからに過ぎません。所得税法では、事業者は従業員の給料の税金を計算し、徴収しなくてはならないことになっています。

つまり、会社は時代劇に出てくるお代官のようなものです。

税務署の代わりに、税務署の指示通りに社員から税金を取り立てているだけです。

税務署としては、これほど優秀なお代官はいないといえます。給料を払っている会社が計算し、給料からそのまま天引きしてしまうので、過少申告などもありません。

だから源泉徴収というのは、徴税コスト（税金を取るための費用）も非常に安いのです。

所得税の80％以上は源泉徴収で納められていますが、税務署の源泉徴収担当者は、所得税担当者の1割程度しかいません。

国にとって、これほど便利な税金はない、といえるでしょう。

ちょっと話がそれましたね。とにもかくにも、会社というのは、税務署の代わりとして、本来はしなくてもいい、社員の税金計算をしているわけです。当然のことながら、決められた最低限のことしかしてくれません。

会社が社員に対して、「あなたはこうすればもっと税金が安くなりますよ」などと助言をしてくれることもありません。たまに、親切な経理の人が教えてくれることはあるかもしれませんが、原則、そんな余計なことはしないはずです。

自分の給料をきちんとマネージメントしようと思えば、自分でやるしかないのです。それができるか否かで、人生が大きく変わるといっても過言ではありません。

同じ給料なのに手取りが全然違うサラリーマン

まずは、山田と鈴木という二人のサラリーマンを例に出して、給与明細の謎の一部を解き明かしていきたいと思います。

山田と鈴木は、非常に似た境遇にあります。

二人は共に中堅のＩＴ企業に勤める34歳の同期です。そして二人ともまだ結婚はしていません。が、共に同棲《どうせい》相手はいます。

給料はだいたい同じくらいで年収４００万円程度です。

鈴木は、常々、山田に対して不審に思っていることがありました。

同じ給料なのに、山田の方が豊かな生活をしているように見えたのです。

山田のSNS（ソーシャル・ネットワーキング・サービス）を見ると、彼女と一緒にたびたび旅行に行ったり、コンサートに行ったり、オシャレなレストランで外食したりしています。

そんなある日のことです。

いつものように二人は、昼の休憩時間に雑談をしていました。

そこで、鈴木は山田の給与明細をたまたま見てしまったのです。

その日は給料日でした。山田は無造作に机の上に給与明細を置いていました。山田と雑談しているときに、鈴木はそれを目にしてしまいました。山田は、あっけらかんとしていて、給与明細を見られても、動じない性格でした。

見るとはなしに見た給与明細でしたが、鈴木にとっては驚くべきものがありました。

手取り金額が5万円近くも違うのです。

鈴木の手取り金額は20万円をちょっと超える程度です。が、山田の手取り金額は25万円もあるのです。34歳で手取り額5万円の差は大きいですものね。

それが見えたとき、一瞬、鈴木は自分の目を疑いました。

「こいつ、俺より、５万円も給料が高いのか？　いつの間に昇給したのか？」

と暗い気持ちになりました。

山田は、そんな鈴木の気持ちも知らず、昨日のサッカーの話を続けています。鈴木は、何食わぬ顔をして総支給額の欄を盗み見ました。

すると、総支給額は、自分とそう変わらないのです。

つまり、山田は昇給していたわけではなかったのです。

それを見て、鈴木は思わず声をあげてしまいました。

「お前、なんでそんなに手取りが多いんだよ！」

山田は、キョトンとした顔で鈴木を見返して、答えました。

「俺、そんなに手取りが多いか？」

二人は、お互いの給与明細を見比べ、どこが違うのかを検討しました。

まず目についたのが、源泉徴収額です。

これが1万円近くも違うのです。

鈴木は、半ば怒って山田に問い詰めました。

「なんでお前の源泉徴収額はこんなに少ないんだ！」

「ああ、俺は、扶養家族が多いからな」

「扶養家族が多いって、お前、今、独身だろ？」

「独身だけど、親はいるし」

「親って別居してるじゃないか？」

「いや、別居していても、扶養家族には入れられるし」

「どういうことだ？」

「別居している親でも扶養に入れられることもあるんだよ」（詳しくは72ページ参照）

「よくそんなことを知っているなー」

鈴木は感心しきりという感じでつぶやきました。

鈴木はさらに不思議な点を見つけました。

「おい、お前の住民税はなぜそんなに少ないんだ！　お前の住んでいる場所は税金が安いのか？」

「そんなわけあるか。住民税はだいたいどこも同じだよ」

「じゃあ、なぜお前の住民税は俺より1万円も少ないんだよ？」

「それは、扶養控除とかで俺の所得が少ないから、住民税も安いんだよ。住民税も所得に連動しているからな」

「そうなのか」

鈴木は、他にも何か得になる情報がないかと山田の給与明細を見ました。すると、生命保険の欄に、記載がないことを見つけました。

「なんだ、お前、生命保険に入っていないのか？　いい年しているくせに」

鈴木は、得意気に言いました。山田の手取り額の多さの理由の一つが、生命保険に入っていなかったことのようだったから、自分の方が偉いような気持ちになったようです。山田は手取りを増やすことには強いけれど、将来の生活設計はできていないじゃないか、と。

しかし、山田はこれまた何食わぬ顔で答えました。

「いや入っているよ」

「でも、生命保険が引かれていないじゃないか」

「天引きにしていないだけだよ。年払いにしているんだ」

「なんでそんなことをしているんだ？」

「そっちの方が安いからさ。年間1万円くらいだけどな。でもその金で一回くらいは、どこかに遊びに行けるだろう」

「そうなのか」

鈴木は大きな敗北感にひしがれました。が、山田はお金の情報に詳しいようなので、この際、自分の疑問を全部、ぶつけることにしました。

鈴木は、20万円の給料で、彼女と二人分の生活費を支えなくてはなりません。家賃は7万円なので、残りは13万円。光熱費や食事代、携帯電話代などですべて消えてしまいます。到底、遊びに行く金などはありません。同棲相手も、アルバイト程度のことはしてくれていますが、国民健康保険料や国民年金保険料を自分で払っているので、とても生活費やデート代を負担してもらえる状態ではありません。

鈴木は、そのことを山田に言いました。

「それにしても、お前は生活に余裕があるよな。とても5万円程度の手取りの差とは思えない」

山田は、不思議そうな顔で聞きました。

「逆にお前はなんでそんなに苦しいんだよ？　T美ちゃん（鈴木の同棲相手）もアルバイトとかしているんだろ？　二人分の収入があれば、けっこう余裕ができるはずだろ？」

「そんなはずはないよ。T美は国民健康保険や年金を自分で払っているし、女は化粧代とか服とか金かかるし、彼女から生活費をもらったことはないよ」

それを聞いて、山田は驚きました。

「T美ちゃん、自分で社会保険に入っているのか？　お前の保険に入れてやればいいじゃないか？」

「だって籍を入れているわけじゃないし」

「いや、結婚していなくても、内縁関係として、社会保険に入れてやることはできるんだよ」

「そうだったのか……それでお前は、いつもゆとりある暮らしをしていたのか」

鈴木は、さっそく彼女を自分の社会保険に入れ、自分の親を扶養に入れることができないか、検討をはじめました。

老後の年金が月5万円も違う

次に、もう一組の二人のサラリーマン、加藤と田中を例に出したいと思います。

地方のゼネコンに勤めている二人は50代になった同期入社で、ともに課長まで出世しましたが、どうやらそこで「上がり」となりそうでした。二人が久しぶりに、酒を飲んだときのことです。この年齢になると、身体の調子や、老後の生活のことが話題になるものです。

加藤は若くして家を建て、すでにローンは払い終わっており、堅実な生活を送っていました。田中は、浪費家というわけではありませんが、加藤ほど堅実ではありませんでした。家のローンもまだ残っています。

酒が入った田中は思わず口に出しました。

「お前はいいよな。もう家のローンは終わっているし。でもなんであんな若いうちに家を建てられたんだ？　親から出してもらったとか？」

「いや、別にそんなのはないよ。普通に、財形貯蓄をしていただけだよ」

「財形貯蓄？」

「お前、今頃何言ってんだ？　財形貯蓄も知らないのか？」

「財形貯蓄は知っているけれど、それで家が建てられるものなのか？」

「いや、財形貯蓄だけで家を建てたわけじゃないけど、財形は毎月の給料から天引きされるから自然と貯まるだろう？　税金の優遇制度もあるし（詳しくは本文58ページ参照）」

「そういうことか。俺も財形貯蓄しておけばよかったな。退職金は、ローンの返済でなくなっちまうからな。そういえば、俺たちの年金って、手取りは月20万円くらいだってな。この前、人事部に聞いたんだ」

「お前の年金はそんなに少ないのか？」

加藤は、意外そうな顔をしました。

「俺の年金だけじゃないよ、お前の年金も同じくらいのはずだよ。給料はそんなに変わらないんだから」

「いや、俺の年金はもう少し多いよ」

「なぜだ？」

「俺は、確定拠出年金に入っているし、個人年金にも入っている」

「え？　そういうものがあるのか？　それでいくらぐらいになるのか？」

「月5万くらい」

「5万もか？　定年後の月5万は大きいぞ。それにしても、よくそんなものに入っている余裕があったたな。お前の家も子ども二人だろう？」

「余裕があったわけじゃないよ。でも、確定拠出年金も個人年金も、毎月の掛け金はそんなに高くないし、そんなに大変じゃなかったよ。それに税金の優遇措置がけっこう大きいからな（詳しくは本文98ページ参照）」

「そうか」

田中はさらに残念そうな顔をした。

「でも、まだ諦めることはない。確定拠出年金は今からでも入れるじゃないか」

「今から入っても、たかが知れているよ」

「今からでも満額掛けていれば、月1万円くらいにはなるだろう？　老後の月1万円は大きいぞ」

確かにその通りだと思い、田中は、さっそく翌日に確定拠出年金に入る手続きをしたのだった……。

＊

本書は、給与明細を細かく理解してその仕組みやお得な制度を最大限利用することで、いかに手取り額を増やすか、いかに損をしないでより豊かな生活を送ることができるか、ということを主眼にしています。

とはいえ、税金や社会保険などの諸制度というとなんとなく小難しいという印象を持っていらっしゃるかもしれません。ですので、本書はできるだけ専門用語を使わず、平易な表現で誰でも簡単にわかるように構成しました。本書を読み終えたときには必ずや、給与明細に対する意識が変わってくるはずです。みなさんの生活に少しでも役立てたら幸いです。

筆者は元国税調査官です。なので、給与明細に関する本書ですが、勤怠情報などの部分は最小限にとどめ、「お金」に特化していることをご承知おきください。

なお、本文中に出てくる社会保険などの数字は、毎年度変更になるケースが多々あります。原則として最新の数字を出していますが、平成28年度内に変わることもあるということをあらかじめお断りしておきます。

第1章

給与明細を読み解こう

給与明細のキホンのキ

給与明細を読み解くにあたって、まずは給与明細の各項目の意味を一通り説明したいと思います。ご存じの内容も多々あるかとは思いますが、一応おさらいをしておきましょう。後で、複雑な話も出てきますので、基本事項の再チェックということで読み進めていただけたらと思います。全部わかるという方は、この章は読み飛ばしてくださっても構いません。

◆「基本給」と「月給」の違い

まず「基本給」の欄を見てください。これは、ご存じのこととは思いますが、基本的な給料のことです。基本給は、残業手当や役職手当、通勤手当といった各種手当や、歩合給のように業績に連動して支給される給与などを除いた基本賃金のことです。通常、年齢や勤続年数、職種などを基準に決められるもので、会社ごとに基準となる基本給表があります。

この基本給は、原則として会社が勝手に下げることができません。だから、逆にいえば、会社はなかなかこの基本給を上げたがらないという傾向があります。春闘のニュースなどでよく言われる「ベースアップ要求」のベースとはこの基本給のことです。

この基本給は、当然、所得税、住民税の対象になりますし、社会保険の基準額にも含められます。

ところで、月給という呼び名もよく聞きますが、月給というのは月単位で金額が決められて、支給される賃金を指します。一般的には役職手当など毎月固定して払われる手当を基本給に加えたものが月給です。ちなみに残業手当など毎月、金額が変動する手当は月給には含まれません。

◆「役職手当」

次に「役職手当」の欄を見てください。これは役職がある人につく手当です。主任、係長、課長、部長……と昇格するに従って上がっていくのが一般的です。会社によっては、基本給に加算されている場合もあります。この役職手当も、基本給と同様に所得税、住民税の対象になりますし、社会保険の基準額にも含められます。

◆「残業手当」

次は「残業手当」です。残業手当というのは、残業したときに支払われる手当のことです。この残業手当については少し説明が必要でしょう。労働基準法では、労働者の労働時間を1日に8時間以内、1週間に40時間以内と定めています。これを法定労働時間といい、この法定労働時間を超えて働いた分を時間外労働（法定外残業）と呼んでいます。この時間外労働に対しては、一定割合の割増賃金を支払わなければなりません。この時間外労働に対して支払われる割増賃金が、残業手当です。

ちなみに法定外労働は会社側と組合側が「三六協定《さぶろく》」というものを締結していなければ、させることができません。時間外労働は割増賃金を支払わなくてはならないということで、時間外労働を抑制させ、長時間労働にならないようにと会社側にプレッシャーをかけるという意味合いもあります。残業手当も、所得税、住民税の対象になりますし、社会保険の基準額にも含められます。また、一定の役職になると残業手当がつかないことになるのが一般的です。

未払い残業代には年6％の利子がつく

残業手当はサラリーマンとしては重要なキーワードです。時間外手当が多くつくということは、単純に収入が増えるということでもありますからね。もう一つ、大きなポイントがあります。それは、「時間外手当がちゃんと払われているかどうか」です。残業手当は、労働関係のもめ事などで争点になることがしばしばあるからです。

会社側としてはなるべく残業手当を払いたくないので、従業員をわざと管理職にして、残業手当を支払わないというような手を使うこともあります。日本マクドナルドで話題になった「名ばかり管理職」というやつですね。また、もっと単純に、サービス残業を強いる会社も、かなりあります。サービス残業を強いらなくても、残業手当に上限があるというような会社もけっこうあります。上限にくれば、いくら残業しても手当は増えないのです。日本は先進国と自称しても、労働環境はまだまだ発展途上国なのです。

もし、そういう会社にお勤めの方は、残業時間などをきちんと記録に取っておくことを心がけましょう。

もし、残業手当がまともに払われていなくても、すぐさま会社に文句を言うというようなことは、なかなかできないでしょう。が、これをチェックしておくというのは、非常に大事なことです。

残業手当の支給具合があまりにひどい場合は、労働基準監督署に通報するという手もあります。労働基準監督署は匿名で通報できますので、あなたが会社に居づらくなるようなことはないと思われます。

ちなみに未払いの残業代には**「遅延損害金」**として年6％の利子がつきます。遅延損害金に関しては、平成28年4月分、平成28年5月分、平成28年6月分……と各月毎に計算します。

また未払いの残業手当を退職時にまとめて請求するという手もあります。

これには**「遅延利息」**というものがつきます。会社を辞めた後に未払いの残業代を支払うよう求めた場合、実際に支払われるまでの間、年14・6％の利子がつくというものです。正確にいえば、「退職日の翌日」から「支払い日」までの間です。

いずれの場合も、残業の記録をきちんと取っておくことが大事になります。残業の記録は、別にタイムカードのコピーなどじゃなくても、メモ程度のものでも構いません。ただ現在は、簡単にスマホなどで写真が撮れるので、できれば、タイムカードをこっそり移しておくといいでしょう。

とにかく、残業手当のチェックというのは、サラリーマン生活で非常に大事なものだといえます。

休日出勤するなら日曜日がお得

もっとも残業手当といっても、割増賃金となるものとならないものがあります。割増賃金が払われるものが**「法定外残業」**で、割増賃金とならないのが**「法定内残業」**と呼ばれるものです。法定内残業というのは、労働基準法で定める労働時間を超えてはいないけれども、就業規則などで定められている労働時間は超えているという場合の残業のことをいいます。

一方、法定外残業とは労働基準法で定める労働時間を超える残業のことをいいます。この場合は、時間外手当として所定賃金に25％以上を上乗せした割増賃金が支払われること

図①　残業代や休日出勤手当の計算の仕方

	割増賃金	深夜におよんだ場合
時間外手当	時間給×125%以上	時間給×150%以上
休日出勤手当（1）（所定休日）	時間給×125%以上	時間給×150%以上
休日出勤手当（2）（法定休日）	時間給×135%以上	時間給×160%以上
深夜手当	時間給×125%以上	

になっており、深夜（22時〜翌5時）に及んだ場合は、50％以上の割増賃金が支払われます。

たとえば、時給1000円として考えてみましょう。

定時朝9時から17時まで休憩1時間の人が、朝9時から夜の23時まで働いたとします。

・9時〜17時（定時）時給1000円×7時間＝7000円

・17時〜18時（法定内残業）時給1000円×1時間＝1000円

・18時〜22時（法定外残業）時給1250円×4時間＝5000円

・22時〜23時（残業プラス深夜）１５００円×1時間＝１５００円

となり、合計で1万４５００円となるわけです。

また、一部の中小企業は適用外ですが、1か月における法定外残業が60時間を超える場合、60時間を超える部分については割増率を50％以上にするという規定があることも覚えておいてほしいものです。

残業手当に絡んだところで話を続けると、休日出勤手当も大切です。

労働基準法では、週に最低1回、もしくは4週に4日以上の休日を与えないといけないと決められています。この週1回以上の休日のことを**「法定休日」**と呼びます。現在では、週休2日の会社がほとんどかと思います。その場合、法定休日以外の休日を**「所定休日」**と呼びます。土日祝日を休日にすると就業規則で定めている会社は、数多く存在します。一般的な多くの会社では、日曜日を法定休日にして、土曜日や祝日を所定休日にしています。

ここでポイントなのが、法定休日と所定休日では割増賃金が違うということです。所定休日の場合は残業をしたという扱いで25％以上の割増賃金が支払われ、深夜に及んだ場合は50％以上の割増賃金が支払われます。一方、法定休日に出勤した場合だと、割増率は35％以上、深夜に及ぶと60％以上になるのです。ということは、土・日曜日のうちどちらか出勤しなければならないとした場合、土曜日よりも日曜日に出勤したらお得だということです。

もちろん、これは就業規則に日曜日が法定休日だと記載されている場合の話です。就業規則に法定休日の記載がなくても違法行為ではありません。そういう場合はどうなるか？そういう場合は休んだ日が法定休日として処理されてしまうのです。そして、土・日曜日どちらも出勤した場合は土曜日が法定休日となります。なぜならば、会社での特別な取り決めがない場合、原則として週の始まりは日曜日からとなるからです。

休日出勤したなら振替休日よりも代休が優利

本題に入る前にそもそも、休日と休暇の違いを知っていますか？

両方とも働かないという意味では同じですが、労働基準法では明確に分かれているのです。

・休日＝労働者が労働義務を負わない日

・休暇＝労働義務はあるけれど、労働者が申請をすることによってその義務が免除される日

休日は申請しなくても休める日で、多くの企業で土・日曜日が休日となっています（中には祝日を含めているところもあります）。一方、休暇は、有給休暇など「労働義務がある日」に休みを申請するというものです。

それで、休日には「所定休日」と「法定休日」があることは前述した通りです。その休日に出勤した場合、平日に代わりの休みを取ることがあると思います。何気なく、「代休」とか「振替休日」という名称で呼んでいますが、この二つは似ているようでまったく異なるものです。

振替休日とは、就業規則に記載があり、事前に休日とされていた日と他の労働日（一般に月～金のうちの1日）を振り替えることです。簡単にいうと、労働日を休日（振替休日）として休ませ、休日としていた日を労働日とします。つまり、休日出勤した分の割増賃金がつかないということになるのです。

一方、代休の場合は、休日に出勤した代わりに平日に休みをもらうという制度です。休日労働なので割増賃金が発生します。前述したように所定休日の場合は残業したという扱いで25％以上、法定休日の場合は35％以上の割増賃金が支払われます。そして、代休を取得した日の所定賃金が控除されるという仕組みです。

たとえば法定休日出勤。簡単に説明するために時給1000円で計算してみましょう。法定休日出勤で8時間働いた場合、1000円×8時間＝8000円×1・35＝1万800円となります。仮に翌日の月曜日に代休を取った場合、1日8時間分の8000円は引かれますが、差額分である2400円が給与に加算されるというわけです。だから、振替休日よりも代休の方がお得といえます。

まずは、会社の就業規則に法定休日の記載があるか、また振替休日制度があるか、確認することが手取りアップにもつながるのです。

◆「通勤手当」

給与明細には「通勤手当」という欄もあるはずです。これは通勤費の手当です。この通勤費は、「基本給」や「残業手当」など他の手当と違って、所得税、住民税はかかりません。ただし、社会保険の基準額には含められます。

グリーン車やタクシー通勤は課税される

2000年代の不況時に、「基本給は下げないけれど、諸手当を軒並み廃止する」という企業がけっこうありました。その中には、通勤費を廃止するという会社もかなりあったように記憶しています。

これって、実は、サラリーマンにとっては大損です。

というのも、基本給には税金はかかるけれど、通勤費には税金はかかりません。だから、基本給を下げないで、通勤費を廃止すれば、税金は変わらないのに手取りが減ったということになってしまいます。

つまり通勤費を削るくらいなら、基本給を削った方が、サラリーマンにとっては都合がいいというわけです。基本給には、所得税、住民税が課せられます。平均的なサラリーマンで、だいたい10～20％の税金がかかります。

仮に通勤費が5万円かかっている人がいたとします。

この通勤費を廃止して、基本給をそのままにすれば、基本給の税金はそのままです。が、通勤費を残し、基本給を5万円下げた場合には、その分の税金も少なくなります。だいたい7500円から1万円程度の税金が安くなります。つまりは、7500円から1万円得をするということです。

その逆に通勤手当の限度がない会社もありますが、これもいいとはいえません。通勤手当の限度がなければ、社員にはいいことのようにも見えます。ですが、通勤手当の非課税限度額というのは月10万円です（平成28年度の税制改正で15万円まで非課税にする予定です）。月に10万円以上の通勤費には、所得税等がかかり、社会保険料や源泉徴収の対象にもなってしまいます。会社としてもその分、支出が増えますし、社員にしても年末調整のときに追加納付が発生してしまいます。ちなみに役員に対する報酬というのは会社の経費にはなりませんが、常勤で毎日通勤している場合は、役員といえども従業員と同様に通勤手当は非課税となります。

毎月の通勤費が10万円まで非課税ということで新幹線通勤をしている方も増えているよ

うです。ですが、注意しなければいけないのはグリーン車利用です。快適な通勤をするためにグリーン車を利用している方も多いと聞きます。ところが、グリーン車分の代金は通勤手当ではなく、給与とみなされてしまうのです。

つまり、所得税等の対象になってしまうということを忘れないでください。

また、激務のため通勤時間を短縮しようとタクシーを利用したとしましょう。この場合もやはり通勤手当には該当しません。タクシー利用は課税対象ということになります。

なお、地方を中心にマイカー通勤している方も多いと思いますので、通勤手当が非課税となる目安をお伝えしておきます。片道の通勤距離によって限度額は違ってきます。

・2km未満　　　　　＝全額課税
・2km以上10km未満＝4200円（まで非課税。以下同）
・10km以上15km未満＝7100円
・15km以上25km未満＝1万2900円
・25km以上35km未満＝1万8700円
・35km以上45km未満＝2万4400円

・45㎞以上55㎞未満＝2万8000円
・55㎞以上＝3万1600円

給料が下がっても社宅の方が得だった

給与明細に「住宅手当」の欄が、ある方もいるはずです。もちろん、住居に関する手当を指します。住宅手当の支払い方は、会社によって違います。賃貸住宅の家賃に対して、一定の割合で手当を出す会社もありますし、一人ひとりに一律で支払われる会社もあります。

この住宅手当がついているのであれば、かなりラッキーだといえます。

昨今、住宅手当がついている会社は、かなりいい会社です。中堅以下の会社では、通勤費同様、不況時に住宅手当を廃止してしまったところが非常に多いですから。不況時には、基本給を下げない代わりに、「社宅を廃止」するという企業がけっこうありました。これもサラリーマンにとっては、不利なものでした。サラリーマンは社宅がなくなれば、自分で家を借りなければなりません。その家賃は、給料の中から出さなくてはなりません。給料には、一般的な人で10～20％の税金がかかっています。家賃8万円の家を借りようと思えば、その8万円には8000～1万6000円の税金がかかっているのです。でも、社宅の場合は、その税金はかかりません。だから、給料を8万円下げても、社宅を残した方が、サラリーマンにとっては得だったのです。

大企業でも住宅手当を廃止してしまったところはけっこうあるようです。

住宅手当より借り上げ住宅で手取りがアップ

会社の中には、住宅手当を支給するのではなく、逆に住居費を給料から天引きしているところもあります。

こういう会社は、実は福利厚生が非常に充実している、ということがいえます。

どういうことかというと、「住居を会社が用意してやっている」はずだからです。住居を会社が用意する、というと、社宅や寮を思い浮かべる人が多いでしょう。しかし、それだけではありません。社宅じゃなく賃貸住宅を会社が用意する、というケースもよくあります。

社員が自分の住みたい賃貸住宅を探してきて、その賃貸住宅を会社が賃貸の契約をしているのです。そして、家賃は会社が払い、一部だけを社員に負担させているのです。だから、住居費を給料から天引きされているのです。

なぜ、こういう会社は福利厚生が充実しているかというと、社員の税金対策もきちんと考えているからなのです。

単に住居に関する手当を出すだけでは、税金的には給料が増えるのと同じ扱いになります。だから、住宅手当には税金がかかります。たとえば、住宅手当を毎月5万円もらっているとします。年間にすると、60万円です。この60万円には、所得税、住民税、社会保険料がかかります。全部でだいたい3割くらいです。だから、60万円の住宅手当をもらっても、20万円近くは税金などで持っていかれることになるのです。

一方、会社が賃貸住宅を借り上げてくれた場合。家賃7万円のうち、2万円だけ社員が負担しているとします。つまり会社の負担分は5万円ですね。年間60万円の住居費をもらっているとの同じです。が、この会社の借り上げの場合は、所得税、住民税、社会保険料などがかかりません。住宅手当だったら、約20万円とられるのに、それがいっさいかかりません。20万円近くも社員は得になるのです（会社が無償、もしくは相場と比べて著しく安い家賃で社宅を提供した場合は給与の一部と見なされる場合もあります）。

住宅手当を年間60万円払うのも、会社が借り上げをして年間60万円負担するのも、会社の負担額は変わりません。でも、社員のふところは全然違ってくるのです。会社が社員のことを考えてちょっと工夫をすれば、社員の手取り額は大きく変わってくるわけです。

外資系企業は、従業員と契約する際に、このような形で社員の手取りを増やすことは多々あります。もし、あなたの会社に借り上げ制度があるのなら使わない手はないです。

◆家族手当、勤務地手当など

住宅手当の他に、家族手当、勤務地手当などがある会社もあります。

家族手当というのは、扶養する家族がいる場合についている手当のことです。大企業の多くでは、この家族手当に似たものがあるようです。

また勤務地手当というのは、物価の高い地域、不便な地域などに勤務するときにつく手当のことです。地方に本社があって、東京に支店があるような会社では、東京に勤務するときに、生活費が高くなってしまうことが多々あります。本社の給与の基準では生活が苦しくなるということで、勤務地手当がつくのです。他にも単身赴任する場合につく「単身赴任手当」などもあります。

◆「生命保険」など

給与明細に「生命保険」の欄がある方も多いはずです。この「生命保険」は、社員が自分で入った生命保険の掛け金を、給料から天引きにされている場合に、記載があります。

また「個人年金」や「個人介護保険」の欄がある会社もあるでしょう。それも、生命保険と同じように、「個人年金」「個人介護年金」の掛け金を給料から天引きにしているわけです。生命保険の給料からの天引きは、すべての会社で行われているわけではありません。これは会社と生命保険会社が提携しないとできません（詳しくは90ページ～参照）。

◆「健康保険」

次に「健康保険」の欄を見てください。「健康保険」は、サラリーマンの方が加入する公的健康保険です。健康保険の保険料は、毎年4～6月までの基本給、時間外手当、通勤手当などを基準にして決められます（詳しくは164ページ～参照）。サラリーマン以外の方は、おおむね国民健康保険に加入します。この健康保険には、扶養家族を入れることができます。しかも扶養家族が何人いても、保険料は変わりません。だから大家族の方が有利になります（詳しくは78ページ～参照）。

◆「厚生年金」

「厚生年金」の欄を見てください。「厚生年金」は、サラリーマンの方が加入する公的年金です。厚生年金の掛け金も健康保険と同様に毎年4～6月までの基本給、時間外手当、通勤手当などを基準にして決められます（詳しくは216ページ～参照）。また自分の厚生年金だけでは将来の年金が不安だという方は確定拠出年金や個人年金に入るという方法もあります（詳しくは98ページ～参照）。

◆「雇用保険」

「雇用保険」の欄を見てください。「雇用保険」は、会社が倒産したり、退職した場合などに受けられる保険です。保険料は、毎月の給料を基準に決められます。この雇用保険にはいろいろおいしい制度があります（詳しくは199ページ～参照）。

◆「所得税」

次に「所得税」の欄を見てください。これは給料にかかる所得税をあらかじめ源泉徴収している額のことです。「源泉徴収」される額というのは、「源泉徴収税額表」に基づいて金額が決められています。

所得税は引かれ過ぎている！

この毎月源泉徴収されている税額なのですが、実は引かれすぎていることが多いのが実態です。

源泉する額を決める「源泉徴収税額表」の金額というものは、本来、払うべき税金よりも若干、多めになっているからです。

本来、その人の税金というのは、年末にならないと確定しません。あらかじめ、税金の正確な額を知ることはできないのです。源泉徴収というのは、その人の年間の税金を予想して徴収するものです。でも正確な額は予想できません。となると、少し多めに取っておくことになるのです。

源泉徴収というのは、後から税金を徴収しなくていいようにつくられた制度です。追加徴収などとなると、取る方も支払う方も不便です。だから、毎月の源泉徴収額は、追加徴収が生じなくていいように設定されているのです。

となると、年間を通じて税金の額が確定すれば、当然、源泉徴収した税金が余ることになります。その余った税金を返還するというのが、「年末調整」です。

毎年「年末調整」を楽しみにしている方も多いと思います。

12月支給の給料で、「年末調整」と称して若干、会社からお金がもらえますよね？ 臨時ボーナス的に捉えている人も多いのではないでしょうか？

が、ごくまれに年末調整で税金を新たに払わなくてはならない人もいます。離婚した人などは、配偶者控除が受けられなくなったりして、追加の税金を払うケースもあります。

離婚した上に、追加の税金を払わなければならないとは、なんとも辛いことではありますが。

退職した年の税金は払い過ぎになっている！

源泉徴収された所得税に関連することで、注意しなくてはならないことがあります。

それは、退職した年は、税金の払い過ぎになっているケースが多い、ということです。

先ほども述べましたように、サラリーマンが毎月支払っている源泉徴収税は、本来の税金よりも少し多めに設定されていて、年末調整でそれが精算される仕組みになっています。でも、年の途中で退職した人は、年末調整を受けていませんので、税金が払い過ぎのまま精算されていない状態になっているのです。

たとえば、3月21日付で退職した人が、その年は再就職していなかったとします。

1月から3月までは、毎月40万円の給料をもらっていました。扶養しているのは奥さんだけです。この人は毎月1万3270円を源泉徴収されています。ということは、3月までに3万9810円も源泉徴収されていることになります。

しかし、この年の給料は年間120万円程度なので、本来税金はかかってこないはずです。この人は退職金ももらっていますが、退職金の税金は別に計算されるので、この年の収入はあくまで給料でもらった120万円だけということになるのです。にもかかわらず、3万9810円も税金が徴収されているのです。

退職した後、すぐに再就職した人は、再就職先で年末調整を受けることができます。し

図②　退職所得控除額

勤続年数	退職所得控除額
20年以下	40万円×勤続年数
20年超	800万円+70万円×（勤続年数－20年）

（注1）勤続年数に1年未満の端数があるときは、たとえ1日でも1年として計算します。

（注2）上記の算式によって計算した金額が80万円未満の場合は退職所得控除額は80万円になります。

（注3）障害者となったことに直接基因して退職した場合は、上記により計算した金額に100万円を加算した金額が退職所得控除額です。

出典：国税庁ホームページ

かし、退職した年のうちに再就職していない人は、年末調整がされていないままになっています。

こういう人は、ほとんどが税金の払い過ぎになっていると思っていいでしょう。またすぐに再就職した人であっても、再就職先によっては、前の職場の分を含めた年末調整はしていない可能性もあります。それは、再就職先に確認した方がいいでしょう。「前の職場の分も含めて、年末調整しているのですか？」と。

また定年退職した人だけじゃなく、中途退職した人も、同じような状態になっています。中途退職して、その年のうちに再就職していない場合は、年末調整をしていないので、ほぼ税金の払い過ぎになっています。年末調整をしていない人は、確定申告によって払い過ぎの税金を取り戻すことができます。最寄りの税務署に源泉徴収票を持っていって手続きするだけですので、ぜひ忘れずにやりたいものです。

また、退職金にかかる税金を気にする方も多いと思います。平成27年度の日本経団連の調査によると退職金の平均は大卒で２３５７万円、高卒で２１５４万円となっています。53ページの図②で見ればわかるように、大卒の場合22歳で就職して38年働いたとすると、退職所得控除額は８００万円＋70万円×（38年−20年）＝２０６０万円です。課税額は２９７万円です。ですが、退職金の場合、この額の２分の１（１４８万５０００円）にのみ所得税がかけられます。１１７ページの図⑫の所得税の早見表に当てはめると、税金は５％ですから、わずか７万４２５０円に過ぎません。よほど高額の退職金をもらう人以外、心配いりません。

大半のフリーター・派遣社員は税金が戻ってくる

ここで、ちょっとフリーター、派遣社員の方に、役立つ情報をご紹介したいと思います。給与明細というのは、サラリーマンだけのものじゃありません。フリーター、派遣社員の方も、給与明細をもらうはずです。

フリーター、派遣社員の方に、まず言っておきたいのが、職場からもらった源泉徴収票は、必ず取っておいてください、ということです。

というのも、フリーター、派遣社員の大半は、税金の払い過ぎになっている可能性が高いからです。

これは先ほど述べた定年退職者の多くが税金の納め過ぎになっているのと、同じ理屈です。むしろ、フリーター、派遣社員の方が、中途退職よりも税金の過払いはひどいことになっているケースが多いようです。

昨今では、短期アルバイトや日払いの仕事でも、企業側は源泉徴収するようになっています。派遣社員などの場合も、ほとんど源泉徴収されているはずです。そして先ほども述べましたように、毎月、毎月の給料から引かれる源泉徴収額は、本来の税金よりも多めになっていて、年末調整ですべて精算される仕組みになっています。

フリーターや、年間を通して働いていない派遣社員の人たちは、年末調整されていないことがほとんどです（年間を通して働いている派遣社員は、働いている期間中に年末を迎えれば、年末調整してくれる可能性が高いですが）。そのため、税金の納め過ぎの状態になっているのです。しかも、フリーターなどの場合は、さらに悪い条件があります。

源泉徴収額を決める「源泉徴収税額表」には、「甲」と「乙」の二つの種類があります。「甲」は源泉徴収額が少なく、「乙」は高くなっています。

「甲」と「乙」の違いというのは、「扶養控除等申告書」という書類を会社に提出したかどうかです。提出した人は、源泉徴収額が少ない「甲」の方法になるのですが、「扶養控除等申告書」を会社に提出していない人は、源泉徴収額が高い「乙」の方法となります。「扶養控除等申告書」というのは、扶養する家族の数などを申告する書類です。扶養する家族の数がわかれば、税金の額もだいたい推測がつくので、なるべく実態にあった源泉徴収額になるのです。

でも、「扶養控除等申告書」を提出していない場合は、扶養する家族の数などがわからないので、実際よりもかなり多めに源泉徴収されるのです。

普通のサラリーマンは、「扶養控除等申告書」を会社に提出するものですが、アルバイトや年間を通して働いていない派遣社員の場合は、ほとんど提出しません。なので、アルバイト、年間を通して働いていない派遣社員は、かなり多めに源泉徴収されてしまうというわけです。

たとえば、月給30万円をもらっている人（妻と子ども一人を扶養）の場合、「甲」の方法では毎月の源泉徴収額は5130円で済みます。しかし、「乙」の方法では、5万2900円も源泉徴収されるのです。

彼らは、確定申告をすれば、かなりの確率で税金が戻ってきます。

半年くらいアルバイトをしている人ならば、1週間分のバイト料くらいは、戻ってくるでしょう。なので、面倒くさがらずに、確定申告をするべきでしょう。

ただし、確定申告をするには、源泉徴収票が必要です。なので、源泉徴収票は必ず取っておきましょう。

◆「住民税」

では給与明細に戻りましょう。給与明細には、住民税の欄があります。これは、もちろん、あなたの住民税を天引きしている金額です。

住民税というのは、所得税のように不確定の税金をあらかじめ引かれているわけではありません。前年の所得を基準に算出された「確定された税金」を引かれているのです。

だから、サラリーマン1年生は、住民税は引かれません。つまりは、就職して1年目は住民税を払わなくていいということです。

が、この仕組みはラッキーなことばかりではありません。

というのも、退職したときにこのつけを払わなくてはならないからです。前年の給料分の税金を翌年に払うということは、退職した翌年に退職年の住民税がかかってきます。もし、退職して、無収入になっていれば、収入がないのに住民税を払わなくてはならないことになります。退職する予定の方は、くれぐれも注意をしておきましょう。

◆「財形貯蓄」

会社によっては、給与明細の中に「財形貯蓄」という項目があるはずです。

もし、給与明細の中に、この財形貯蓄の欄があったなら、あなたは非常にラッキーだといえます。なぜなら、財形貯蓄はサラリーマンだけしかできない「財テク」なのですが、これを取り入れている会社と取り入れていない会社があるからなのです。

財形貯蓄は一定の条件をクリアしていれば、利子に税金がかかりません。

普通の預貯金には、利子に約20％の税金がかけられています。昨今の超低金利時代で、ただでさえ少ない利子に、20％もの税金がかかるのです。だから預貯金などをしても、お金はほとんど増えません。

ですが、「財形貯蓄」には、利子に税金がかからないので、その分、お金が貯まるのです。

財形貯蓄には「一般財形貯蓄」「財形住宅貯蓄」「財形年金貯蓄」の3つがあります。このうち「財形年金貯蓄」「財形住宅貯蓄」には、利子に税金がかかりません。

この3つの財形貯蓄の違いは次の通りです。

「一般財形貯蓄」

これは使用目的を限定せず、自由に使える貯蓄です。貯蓄開始から1年経てば、いつでも自由に払い出しできます。ただし、利子に税金がかかります。

「財形住宅貯蓄」

これはマイホームの建設・購入・リフォームなどの資金のために貯蓄する制度です。「財形年金貯蓄」と合わせて貯蓄残高550万円までは、利子が非課税となる恩恵があります。ただし、払い出しは、住宅の建設・購入・リフォームのときだけになります。それ以外の目的で払い出した場合は、利子に課税されます。

「財形年金貯蓄」

これは60歳以降に年金として受け取るための貯蓄です。「財形住宅貯蓄」と合わせて、貯蓄残高550万円まで利子に税金がかかりません。ただし払い出しは年金に限られます。年金以外での払い出しもできますが、その場合は利子に課税されます。

財形貯蓄はサラリーマン最大の蓄財術

この財形制度の最大の問題点は、会社が加入していなければ利用することができない、ということです。財形制度は、会社が導入していないと、社員はそれを使うことができません。個人加入はできないのです。

給与明細に「財形貯蓄」の欄がある会社は、今すぐにでも加入しましょう。また「財形貯蓄」の欄がない会社でも、もしかしたら加入しているかもしれませんので、会社が加入しているかどうか、人事部に問い合わせてみてください。

そして、この財形制度はサラリーマンにとって蓄財の大チャンスでもあります。なぜなら、給与から天引きされるからです。「余ったら貯金する」といって貯金できた人を筆者はまったく知りません。それと逆に、財形を「なかったもの」として支給額のみで生活して、財形にはいっさい手を出さないことで大きく蓄財に成功した人はけっこういるのです。

筆者の知人の中には、独身時代から毎月５万円、ボーナス月20万円を財形にして、15年間いっさい、手をつけなかった人がいます。いうまでもなく15年間で１５００万円貯めることができました。彼（家族あり＝共稼ぎ）は、そのお金を頭金にしてマンションを買ったのですが、財形はそのまま続け、ボーナスも一定額は必ず財形とは別に貯金し、まとまった額になるとせっせと繰り上げ返済を続けました。結果として当初35年ローンを組んでいたものが、わずか10年足らずで住宅ローンを完済してしまいました。

彼は現在、住宅ローンの返済分にしていた給与振込のB口座（月13万円）をそのままにして、「なかったもの」として生活しています。キャッシュカードも使ってしまうからという理由で持ち歩かず、自宅の机に放り込んだままにしているそうです。もちろん、財形もそのまま継続しているので、財形の１０００万円と合わせて、年間２５６万円も貯金しています。そして、ローン完済後４年で１０００万円の貯蓄に成功しています。少々、特殊なケースかもしれませんが、テクニックとしては正解だといえるでしょう。

財形貯蓄同様に、天引き預金できるものとして「社内預金」制度を取り入れている会社もまだ多いです。もし、あなたの会社で社内預金制度があるなら、利用した方がお得です。本稿執筆時点で、日銀はマイナス金利の導入を決定したため、メガバンクでも普通預金の金利が０・０２％から０・００１％へと下がりました。これは１０００万円を預けていても、年間に付く利息が２００円から10円へと下がることを意味します。

ところが、社内預金の場合は利息が０・５％以上なのです。実は、この０・５％というのは厚生労働省の省令で決められており、中には１％という企業もあるほどです。会社は社内預金で集めたお金を設備投資や運転資金に回したりすることができるためです。

最低でも0・5%という金利は、今の時代においては魅力的です。同じ100万円預ければ、年に5000円の利息になるのですから。普通預金の500倍というわけです。

もっとも財形貯蓄と違い、運用は会社任せなので会社が倒産したりしたら戻ってはこないというリスクはありますが、検討してみる余地はあると思います。

◆「総支給額」

では、給与明細の最後の段に入ります。給与明細の一番下の段にある「総支給額」（支給額の合計）の欄を見てください。これは、基本給、残業手当、通勤手当、住宅手当、その他の手当などを合計した金額です。会社があなたのために支払っている給料の本当の額ということです。

◆「総控除額」

次に「総控除額」の欄を見てください。これは、健康保険、厚生年金、雇用保険、所得税、住民税、財形貯蓄など、あなたの給料から天引きされた金額の合計です。

◆「差引支給額」

最後に「差引支給額」の欄を見てください。これは「総支給額」から「総控除額」を差し引いた金額のことです。あなたの口座に振り込まれる金額、つまり、手取り給料です。

第2章
手取り額を増やす裏ワザ

キーワードは「大家族」だ！

給料明細の基本事項をおさらいしたところで、次に給料の手取りを増やす方法をご紹介していきましょう。

給料の手取りを増やす上で、重要なキーワードとして「大家族」があります。

税制や社会保険などでは、少人数の家族よりも、大家族の方が有利になるようにできています。

「配偶者控除」「扶養控除」などという言葉をご存じの方も多いはずです。「配偶者控除」「扶養控除」というのは、家族がいればその分、税金が安くなるという制度です。

また健康保険は、一つの保険に家族は入ることができますし、何人入っていても、保険料は変わりません。

日本社会では、核家族化が進行し、近年、一人暮らしの人も急激に増加しています。が、税金や社会保険料を見た場合、一人暮らしがもっとも不利になるようにできています。

これは、だいたいみなさんご存じのことですよね？

が、あまり実感としてないと思われるので、家族がいれば、どのくらい有利になるのか試算してみましょう。

まず夫婦の場合です。

結婚していて、配偶者に収入がない場合は、配偶者控除という税金の控除が受けられます。所得税で38万円、住民税で33万円の所得控除が受けられます。

平均的なサラリーマンの所得税率は10～20％なので、所得控除額が38万円ならば、3万8000円から7万6000円の税金が安くなるということです。住民税は10％なので、33万円を所得控除されれば、3万3000円の節税になります（所得控除の計算方法などの詳細は、次章で詳しく述べます）。

つまり、配偶者控除を受けるとだいたい7万1000円から10万9000円もの税金が安くなるというわけです。

さらに家族が一人増えるごとに「扶養控除」というものを受けられます。

これも、ご存じの方は多いと思われますが、扶養している家族がいる人が受けられる所得控除です。

扶養している親族一人あたり38万円を、所得から控除できます（扶養親族の年齢により若干の上乗せがあります）。

38万円の所得控除というとけっこう大きいです。

これに住民税の分が加わります。住民税の扶養控除は33万円ですので、住民税分の節税額は3万3000円になります。

合計7万1000円の節税になるというわけです。

所得税率20％の人ならば、11万円程度の節税になります。

つまり、扶養控除を一人増やせば、だいたい7万〜11万円もの節税になるのです。

だから、家族が多ければ多いだけ税金は安くなるという仕組みです。

税法上の家族を増やす方法

「家族を増やせば税金、社会保険で有利になるとわかっていても、そう簡単に家族は増やせない」

と思っている人も多いでしょう。

図③　扶養に入れられる親族の範囲

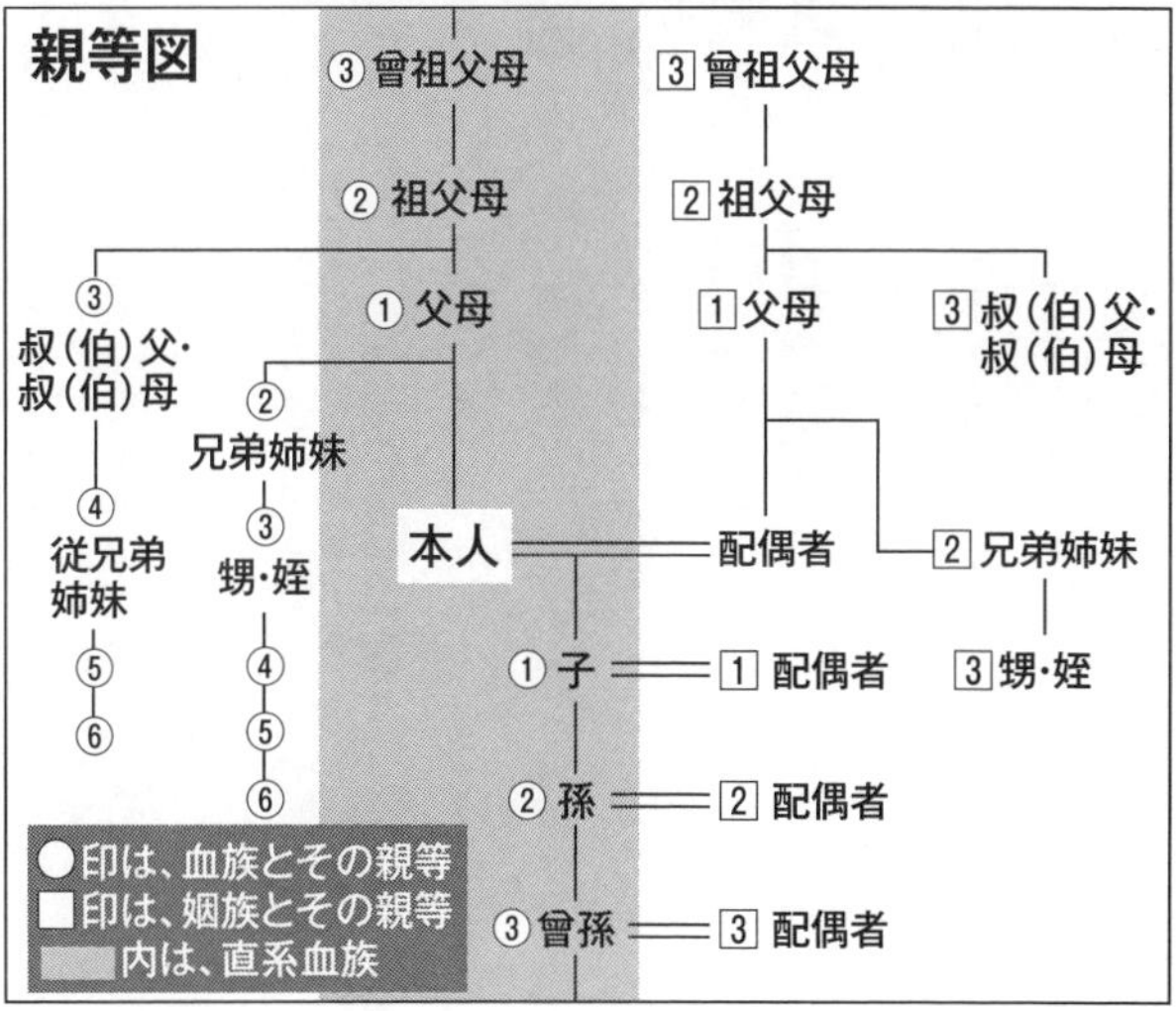

が、税法や社会保険でいう「扶養家族」とは、単に同居している家族という意味ではありません。同居していなくても、経済的な連携をすることで、税制上、社会保険上の家族としての恩恵を受けることもできるのです。

ちょっとどういうことかわかりにくいですよね？

実は、簡単に家族を増やす方法もあるのです。

というのも、同居していなくても、税金上、家族になることができます。

扶養控除というのは「同居してい

る家族しか扶養控除の対象にならない」というように誤解されています。

が、実は、一定の要件を満たせば、同居していない家族でも、扶養控除に入れることができるのです。

まず扶養控除に入れられる家族の範囲を説明しましょう。実は扶養控除というのは、範囲が広いのです。所得税と健康保険では、本人を中心にどこまで扶養家族にできるかという要件が微妙に違います。詳しくは後述しますが、健康保険の場合、被扶養者は主として被保険者に生計維持（年収130万円未満で被保険者の収入の半分未満の収入）されているというのが条件となり、扶養の範囲は3親等内の血族、3親等内の姻族（いずれも75歳未満）というふうになっています。

しかし、所得税では、扶養の範囲は「6親等以内の血族もしくは3親等以内の姻族」ということになっているのです。

6親等以内の血族ということは、自分の親族であれば従兄弟の子どもや、祖父母でも扶養に入れる事ができます。また、3親等以内の姻族ということは、妻の叔（伯）父叔（伯）母でも入れることができるのです（69ページの図③参照）。

そして、この親族たちは、一定の条件をクリアしていれば、必ずしも同居していなくても扶養に入れることができるのです。

一定の条件というのは
「扶養していること」

「生計を一にしていること（同居、別居にかかわらず、納税者の収入で暮らしている）」

です（社会保険の場合は、これにもうちょっと細かい条件がつきます。それは後ほどお話しします）。

つまりは、経済的に面倒を見ている、ということですね。

ただし、これには具体的な基準はありません。毎年いくら以上仕送りをしなければならないとか、生活費の何割以上を援助していなくてはならない、というような、線引きはまったくありません。

だから、「相手の面倒を見ている」「一定の支援をしている」ということであれば、扶養に入れることができるのです。

扶養対象者に多少の援助をしていて、いざというときに面倒を見なければならない立場であれば、十分に扶養控除に入れる資格はあるといえるのです。

たとえば、親は老人ホームに入っていて、入所料はほぼ年金で賄えるけれど、親のお金の管理はすべて自分が行い、年金で足りない分を補っている。

そういう場合も、親を扶養に入れる資格は十分にあるといえます。

親に年金収入があっても扶養に入れられるケース

親を扶養に入れたくても、親には年金収入があるという人も多いでしょう。

そういう方も、親を扶養に入れられる可能性があります。

年金収入があっても、税法上の定義で扶養控除に入れられるケースも多々あるのです。

公的年金収入者の場合、65歳以上の人であれば、年金収入が158万円以下であれば、扶養に入れることができます（65歳未満の方の場合は、108万円以下）。

たとえば、78歳の父と、73歳の母が、それぞれ140万円ずつ年金を受け取っていたとします。夫婦合計で280万円です。年金収入としては、まあ普通の金額です。

でも、彼ら一人ひとりの年金は158万円以下なので、この両親を二人とも扶養に入れられる可能性があるのです。

しかも、老人扶養親族の場合、その年の12月31日現在の年齢が70歳以上の人だと、通常の一般控除額が38万円なのに対して、一人あたり48万円と10万円も高いのです。このケースであれば、96万円もの控除が受けられる可能性があるというわけです。これは、相当な節税効果となります。

ましてや同居している場合は、一人当たり58万円もの控除額となっています。

また両親のうち、どちらかは死去して、遺族年金をもらっている場合、遺族年金は税法上の所得としてはカウントされませんので、遺族年金はいくらもらっていても、無収入ということになるのです。

たとえば、父親が先に亡くなって、母親は遺族年金を200万円、自分の年金を80万円もらっているというような場合。このようなケースは、よくありますが、この場合も、扶養控除に入れられるのです。

またこういうケースもあるのではないでしょうか？

実家から会社に通っている独身の方で、実家にある程度のお金を入れている方ってけっこういると思います。それで、そういう方の中には、自分の両親などが、定年やリストラで職を失っているようなこともあるはずです。

こういう方は、その職を失っている両親などを扶養に入れられる可能性が高いのです。

ただし気をつけなくてはならないのが、兄弟で共同して老親の面倒を見ているような場合です。この場合、扶養控除を使えるのは兄弟のうちの誰か一人だけ、ということになります。一人の家族につき、扶養控除を使えるのは一人に限られるので、兄弟で重複して扶養控除を使うことはできません。

実をいうと、ほとんどの税務署員は、この扶養控除を最大限に活用しています。税務署員の周囲に、誰の扶養にも入っていない親族がいれば、自分の扶養に入れてしまうというケースは当たり前の光景でした。

40歳の息子でも扶養に入れることができる

家族を増やす方法は他にもあります。

扶養から一度はずれた子どもを、再度扶養に入れるのです。

子どもは独立して、自分で収入を得るようになると扶養からはずれます。ですが、会社を辞めたり、フリーターになったりして、必ずしも収入が安定しないケースってけっこうある話です。そういう子どもに関しては、再度、扶養に入れ直すこともできます。

子どもの場合、一回就職して扶養からはずれたら、もう扶養には入れられないんじゃないかと勘違いしている人もいるようですが、そうではありません。扶養控除に年齢制限はありませんし、一回扶養からはずれた子どもはもう扶養に入れられないなどという規定もないのです。

養ってさえいれば、何歳であっても扶養に入れられるのです。たとえば40歳の息子であっても、扶養しているのであれば扶養控除に入れることができます。

昨今では、30歳を過ぎて家でブラブラしているフリーターやニートが増えていますが、このような子どもたちを扶養控除に入れてもまったく差しつかえないのです。離婚して出戻ってきた娘なども、もちろん入れることができます。

離婚した人が手放した子どもを扶養に入れられる場合

離婚した男性で、「子どもは妻が引き取った、でも養育費は毎月支払っている」というような人も多いはずです（逆もまれにあると思います）。

こういう男性は、「自分は子どもを養育していないので、扶養控除は受けられない」と思っている人が多いようです。

が、実は決してそうではありません。

税金というのは、扶養している家族がいない人がもっとも割が悪いようにできています。だから、離婚して一人になった男性などというのは、もっとも割が悪いのです。養育費は支払っている上に、扶養控除は受けられないからです。

しかし、子どもは妻が引き取っていても、扶養控除に入れられる可能性はあるのです。

次の条件を満たした場合、バツイチお父さんも子どもを扶養に入れられるのです。

・養育費を支払っていること

・元妻が子どもを扶養に入れていないこと

子どもは、父か母のどちらか一人の扶養にしか入れないので、母の扶養に入っていれば、父は扶養控除を使うことができません。しかし、母が子どもを扶養に入れていない場合は、離れて暮らしていても、父の扶養に入れることができるのです。

妻が子どもを扶養に入れていないケースというのは、けっこうあります。

たとえば、こういう場合です。

別れた後、妻は自分の両親の元に戻って、生活の面倒を見てもらっている、仕事はパート程度しかしていない、というような場合。

この場合、パート収入が年130万円程度ならば、子どもを扶養に入れるまでもなく、税金は払わなくていいことになります。給与所得者控除、基礎控除、寡婦控除を合わせれば130万円になるので、寡婦（夫と離婚や死別などをした女性）は、年130万円までのパート収入ならば税金はかからないのです。

またパートをしていなくても、元夫からの慰謝料や養育費だけで暮らしている場合でも、もちろん該当します。節税の話からは脱線しますが、慰謝料や養育費には税金がかかりません。あまりに世間相場からかけ離れていない限り、贈与税などの心配はいりません。もちろん、受け取った側も所得に合算しなくても構いません。

健康保険は大家族がさらに有利

また「健康保険」の場合は、税金よりもさらに有利になります。

というのも、前述したようにサラリーマンが加入している「健康保険」というのは、扶養家族が何人いても、保険料は変わりません。自分の健康保険料自体は変わらないけれど、カバーできる人数が増えるのだから、家族全体から見れば、大幅な社会保険料節減となるのです。しかも、扶養に入れられた人も、通常の健康保険とまったく変わらない恩恵を受けることができるのです。

つまり、大家族であればあるほど健康保険は有利になるのです。

どれだけ、社会保険料が節減できるか、具体的にご説明しましょう。

健康保険には大きく二つの種類があります。サラリーマンが加入する「健康保険」、自

図④　扶養家族を増やしたときの税金、健康保険のメリット

	結婚した場合	配偶者以外の扶養家族を増やした場合
税金	配偶者控除が受けられる	扶養控除が受けられる
健康保険	一人分の健康保険料で、二人分の健康保険が受けられる	健康保険料の増額なしで、扶養家族の健康保険が受けられる
厚生年金	一人分の年金保険料で、二人分の年金加入となる	

営業者やサラリーマン以外の人などが加入する国民健康保険です。サラリーマンの方も、会社を辞めれば原則として国民健康保険に加入しなければなりません。

だから、あなたのご両親なども、定年などで退職されていれば、国民健康保険に加入しているはずです。

この「国民健康保険」というのは、実は非常に高いのです。

「国民健康保険」というのは、自治体によって額が違うのですが、大まかに言って次のような算出式を持っています。

所得割 ＋ 均等割 ＝国民健康保険料

所得割というのは、所得に応じて掛けられる額、均等割というのは、所得の多寡にかかわらず一人ひとりが必ず払わなければならない額です。

均等割は、たとえば東京都練馬区の場合、39歳までの人が年４万４７００円です。40歳から64歳の人は５万９４００円です。これは、収入にかかわらず払わなければならない額です。

そして所得割は39歳までの人が収入の８・43％、40歳から64歳までの人は、９・91％です。だいたい所得の10％ですね。

年齢によって違いますが、40歳の単身者で所得が３００万円くらいの人は、年30万円程度の国民健康保険料を払わなければならないわけです。練馬区の場合は、決して高い方ではなく、地方ではもっと高いところもあります。

そして、大家族がなぜ有利かというと、もし国民健康保険料を払っている人を、自分の扶養家族に入れたなら、この国民健康保険料代が丸々浮くということになるからです。

サラリーマンの場合は、扶養家族が増えても健康保険料は変わりませんので、年間何十万円も払っていた国民健康保険料がゼロになるのです。

これが二人、三人となると、年間100万円近くも変わってくるはずです。

別居中の親族も自分の「健康保険」に入れられる

前述したように、健康保険も、扶養家族を増やせば非常に得になります。そして、税金の扶養家族と同じように、一定の条件をクリアしていれば、別居している親族も扶養家族に入れることができるのです。

ただし、健康保険に入れる場合は、税金よりも若干ハードルが高くなっています。

自分の健康保険に入れられる家族の範囲は、原則として、「同居している3親等内の親族」です。

ですが、次の二つの条件をクリアしていれば、父母、祖父母、曾祖父母、子ども、孫、兄弟姉妹については、別居していても、入れることができます。

●条件1　年間収入
・60歳未満…130万円未満
・60歳以上又は障害者…180万円未満

●条件2
・同居の場合…収入が扶養者の収入の半分未満
・別居の場合…収入が扶養者からの仕送り額未満

※ただし、収入が扶養者の収入の半分以上の場合であっても、扶養者の年間収入を上回らず、日本年金機構が諸事情を勘案して、扶養者から扶養されていると認めるときは被扶養者となることがあります。

内縁の妻（夫）でも自分の「健康保険」に入れられる

昨今では、結婚はせずに同棲しているカップルも多いようです。

こういう同棲カップルも、一定の条件をクリアしていれば、一つの健康保険にすることができます。一人ひとりが別の「健康保険」に入っていれば、何十万円のロスになるので、一つにまとめられれば、若いカップルにとっては大きな恩恵になるはずです。

「健康保険」に入る条件は、主に３つです。

・入れてもらう側の人の年間収入が１３０万円未満であること
・生計を一にしていること
・内縁関係にあること

内縁関係を示す場合には、二人の戸籍謄本が必要になります。これは重婚をしていない、ということの証明です。

図⑤　内縁の妻（夫）が受けられる社会保障等

健康保険	配偶者と同等に加入できる
厚生年金	配偶者と同等に加入できる
配偶者控除（所得税、住民税）	受けることはできない

そして、住民票には、世帯主との関係が妻（未届）もしくは夫（未届）となっていることが望ましいです（必須ではありません）。住民票には、結婚していなくても、世帯主との関係を妻もしくは夫と記載することができます。それをやっていれば、配偶者と認められ、健康保険に入れる確率が高くなるのです。住民票がただの同居人になっていれば、はねられる可能性がある、という話もあります。

原則としては、住民票の記載にかかわらず、3つの条件を満たしていれば、大丈夫です。もっとも、健康保険に加入できるかどうかは、会社が判断するので、会社の段階ではねられればできないこともあります。

また内縁関係があれば、健康保険だけではなく、厚生年金も配偶者として加入できます。つまり、普通の配偶者と同様に、基礎年金に加入したことになるのです。もちろん、厚生年金の掛け金は変わらずに、です。

内縁関係の人を配偶者として、自分の社会保険に加入するには、会社にその旨を言って、申請書を提出すればＯＫです。これも普通の配偶者のときと、それほどの違いはありません（戸籍謄本は用意しなくてはなりませんが）。

ただし、この恩恵は税金には通用しません。

税金の場合は、あくまで正式に結婚していなければ配偶者控除は受けられません。また内縁の妻の子どもなどを扶養していたとしても、養子縁組をしていない限りは扶養控除を受けることもできません。

保険の掛け方で実質的な手取りが増える

これまで額面上の「手取り給料」を増やす方法をご紹介してきました。

が、本当に得をするためには、手取りを増やすだけでは不十分です。手取りが増えても、将来の年金受取額が少なかったり、いざというときの保障が薄かったりすれば、「本当に豊かな生活」は営めません。

なので、これからは給与明細の情報をもとにして、社会保障を厚くしたり、上手に蓄財をする方法をご紹介していきたいと思います。

つまりは、「実質的な手取りを増やす方法」です。

まず念頭においていただきたいのが、「年金」（公的年金・個人年金保険など）と「保険」（生命保険など）です。

この「年金」と「保険」をどう使いこなすかで、将来の生活やいざというときの保障が大きく変わってきます。そして、年金と保険をうまく使いこなすための情報が、給与明細にあるのです。

年金や保険は、節税とも大きく関係してきます。年金や保険の掛け方次第で、節税額が多くなったり少なくなったりします。それをうまく調整すれば、節税をしながら、厚い年金や保険を掛けることができるのです。

この節税という点は、実は大きなポイントでもあります。

巷《ちまた》には、生命保険に関するマニュアル本などがたくさん出回っています。どれが得をする・しない、どれは役に立つ・立たないなどの情報が満載です。ですが、それらの本のほとんどは、節税面については、スルーしています。節税面も含めないと、保険の本当の費用対効果を語ることはできないはずです。

簡単にいえば、民間の保険に入れば、最高で年間12万円の所得控除が受けられます。節税できる金額は、所得税、住民税を含めれば、安い人で2万円程度、高い人では5万円以上になることもあります。保険料というのは、高くても年間数十万円です。その保険料に対して、2万～5万円の節税額があるのです。節税額というのは、保険料に対して数%～10%くらいになるといえます。

だから保険を選ぶときには、必ず節税面を考慮しなくてはならないということです。

年間8万円の生命保険料で1万800円の節税

個人の税金（所得税、住民税）には、「生命保険料控除」というものがあります。

図⑥　**生命保険料、個人年金保険料、介護医療保険料の控除額**

年間の支払保険料総額	所得税の控除額
2万円以下	支払い保険料の全額
2万円超～4万円以下	支払い保険料×$\frac{1}{2}$+1万円
4万円超～8万円以下	支払い保険料×$\frac{1}{4}$+2万円
8万円超	4万円

年間の支払保険料総額	住民税の控除額
1万2000円以下	支払保険料の全額
1万2000円超～3万2000円以下	支払保険料×$\frac{1}{2}$+6000円
3万2000円超～5万6000円以下	支払保険料×$\frac{1}{4}$+1万4000円
5万6000円超	2万8000円

生命保険料控除というのは、生命保険に入っている人には、保険料のうち一定の金額が、所得から控除されるというものです。

この生命保険料控除の計算方法は、図⑥のようになります。

たとえば、年間8万円以上の生命保険に加入していれば、所得税の場合は、4万円の所得控除が受けられます。また住民税の場合は、2万8000円の所得控除が受けられます。

所得税の税率が10％の人の場合は、所得税、住民税合わせて、6800円の節税になるのです。所得税率20％の人は、

1万8000円の節税になります。

サラリーマンの平均的な税率は、10～20%なので、6800円から1万8000円の節税になるということです。

生命保険料控除は、掛け金が年間8万円のとき、控除額は最高の4万円となります。掛け金をそれ以上増やしても、控除額は4万円が限度です。なので、生命保険の掛け金は年間8万円にするのが、もっとも節税効率が高いといえます。

年間8万円ぴったりの生命保険などはないと思われますが、だいたい8万円になるように狙っていけば、最大の利益が得られるわけです。

最近、よく「生命保険は掛け捨てにしろ」などということが言われますが、実はそれは妥当ではありません。「掛け捨てにしろ」という根拠は、

「貯蓄性のある生命保険は、貯蓄の部分の利率が低いので意味はない」

「それより安い掛け捨ての生命保険に入って浮いたお金を定期預金にでもした方がいい」

ということです。が、この論は、節税部分に対する考慮がすっぽり抜け落ちています。

年間8万円の保険に入って6800円～1万8000円節税できるなら、けっこう大きい

はずです。

貯蓄性の生命保険に加入して、この6800円を利息と考えれば、金融商品としてかなりいいものといえます。8万円支払って6800円の利息がつくのと同じですからね。計算すると、なんと8％以上の利率になるのです。

掛け捨ての生命保険ならば、年間8万円にはなりませんので、この恩恵は受けられません。だから生命保険に加入する場合は、生命保険そのものの有利不利だけではなく、節税額も含めたところで選ばなくてはならない、ということなのです。

生命保険料は引き落としよりも年払いで

給与明細に、「生命保険料」の欄がある人もいるはずです。これはない人もいます。なぜある人とない人がいるのかというと、保険会社が会社と提携して天引きをしているケースと、していないケースがあるからです。

天引きをしている場合、保険会社の団体割引というものが受けられるので、若干、保険料が安くなっているはずです。

が、それよりももっと保険料が安くなる方法があります。

それは年払いです。

生命保険料は、年払いにすると割引になるのです。割引率は保険会社によって違いますが、だいたい3～5％です。

もし月2万円程度の保険に入っているとしたら、24万円の3～5％なので、7200円から1万2000円くらい安くなるのです。これが、民間介護保険、個人年金保険などにも加入しているような場合は、その割引額が2倍、3倍となります。2万～3万円の割引になることもあるでしょう。

天引き（もしくは引き落とし）を選ぶか、年払いを選ぶかは、その人の経済状況によると思われます。

会社からの天引きの場合、あらかじめ給料から引かれているので、保険料の支払いの心配をしないで楽だということはあります。毎月引かれる方が、負担感は小さいというのもあります。

もちろん、年払いの方が、年間の総額では安くなりますので、トータルでいえば、年払いの方が絶対に得なわけです。ただ年払いの場合は、途中で死亡しても、払った分は返還されないというリスクがあります。が、そのリスクは、自分が生きているうちに、直面することはないので、関係ないといえば関係ないともいえます。

まあ、とにかく、生命保険の払い方は、一つではないということ、自分に合った払い方を選択することができる、ということはぜひ覚えていただきたいものです。

民間介護保険と個人年金保険でさらに税金が安くなる

個人保険で受けられる税金の恩恵は、生命保険だけではありません。

民間介護保険、個人年金保険に入っている人も、生命保険の場合と同様の恩恵が得られるのです。88ページの図⑥を参照してください。

民間介護保険は、介護が必要になったときに保険金がもらえるものです。

個人年金保険は、毎月保険料を払い込み、一定の年齢に達したら年金としてもらえるものです。

この二つとも、生命保険料控除と同じ計算式で、控除を受けることができるのです。

図⑦　平成23年までの生命保険料控除の計算方法（個人年金保険も同じ）

年間の支払保険料の合計	所得税の控除額
2万5000円以下	支払金額全部
2万5000円を超え5万円以下	支払金額÷2+1万2500円
5万円を超え10万円以下	支払金額÷4+2万5000円
10万円超	5万円

つまり、最高で所得税は4万円（掛け金が8万円超）、住民税は2万8000円（掛け金が5万6000円超）の所得控除が受けられるのです。そして、生命保険、民間介護保険、個人年金の所得控除は、それぞれで受けることができます。

だから、生命保険に年間8万円以上、個人年金保険に年間8万円以上、介護医療保険に年間8万円以上掛け金を支払っている人は、合計で12万円の生命保険料控除が受けられるのです（住民税は7万円が上限）。

ただ気をつけなくてはならない点があります。

平成24年に改正された新しい生命保険控除の制度は、平成24年以降に契約した保険のみに有効なのです。それ以前に契約した保険は、古い制度がそのまま適用になるのです。平成23年までに契約した生命保険については、93ページの図⑦のような方法で控除額が算出されます。そして、この控除の計算方法は、生命保険ではなく、個人年金保険も使えます。

平成24年1月1日以降に契約した生命保険については、88ページに掲げた図⑥のような方法で控除額が算出されます。

地震保険でも節税効果大

所得控除の対象になるのは、生命保険ばかりではありません。

昨今、普及し始めている地震保険も、所得控除の対象になっています。

「地震保険に入ったら税金が安くなる」ということを知らない人もいるのではないでしょうか。

所得税の地震保険料控除の額は、5万円以下ならば全額、5万円以上ならば5万円とな

図⑧　所得税の地震保険等の所得控除

区分	年間の支払保険料の合計	控除額
(1)地震保険料	5万円以下	支払金額
	5万円超	5万円
(2)旧長期損害保険料	1万円以下	支払金額
	1万円超2万円以下	支払金額÷2+5000円
	2万円超	1万5000円
(1)・(2)両方がある場合		(1)、(2)それぞれの方法で計算した金額の合計額（最高5万円）

(注)一の損害保険契約等又は一の長期損害保険契約等に基づき、地震保険料及び旧長期損害保険料の両方を支払っている場合には、納税者の選択により地震保険料又は旧長期損害保険料のいずれか一方の控除を受ける。

出典：国税庁ホームページ

っています。生命保険料控除が、最高額４万円（掛け金８万円以上の場合）なので、生命保険料控除よりも地震保険料控除の方が有利だといえます。

また住民税の場合は、保険料の額の２分の１が所得控除となり、限度額は２万５０００円です。つまり、所得税、住民税と合わせて７万５０００円の所得控除が受けられるのです。平均的なサラリーマンでだいたい１万円前後の節税となります。

地震保険料控除の対象となる保険は、次のようになっています。

図⑨　住民税の地震保険料の所得控除

支払った保険料	地震保険料の控除額
5万円以下の場合	支払った保険料の2分の1
5万円を超える場合	一律2万5000円(限度額)

図⑩　住民税の平成18年12月31日までに締結した長期損害保険契約等の所得控除額

支払った保険料	旧長期損害保険料
5000円以下の場合	支払った保険料の全額
5000円を超え 1万5000円以下の場合	支払った保険料÷2+2500円
1万5000円を超える場合	一律に1万円(限度額)

・ここに該当するのは満期返戻金を支払う旨の特約のある契約で、期間が10年以上のものです。なお、平成19年1月1日以降に契約内容の変更がないものに限ります。

※地震保険料と別契約の旧長期損害保険料の支払がある場合は、それぞれの控除額の合計額となりますが、限度額は2万5000円となります。

出典:国税庁ホームページ

・一定の資産を対象とする契約で、地震等による損害により生じた損失の額をてん補する保険金又は共済金が支払われる契約となっている保険
・自己や自己と生計を一にする配偶者その他の親族の所有する居住用家屋又は生活に通常必要な家具、じゅう器、衣服などの生活用動産を保険や共済の対象としているもの

少しわかりにくいと思われますが、「地震保険」と称されて販売されている保険商品の大概のものは該当します。しかし、中には、該当しないものもありますので、新しく地震保険に加入したいと思っている人は、保険会社に地震保険料控除の対象となるかどうか必ず確認しておきましょう。

地震保険料控除を受ける手続きは、会社に地震保険の証明書を提出すれば、それで大丈夫です。年末までに提出するのを忘れていた場合は、確定申告をすればいいです。またこれも過去5年分までは遡《さかのぼ》って申告できます。

また地震保険控除がつくられた代わりに、損害保険料控除が廃止されました。

損害保険料控除を受けていた人は要注意です（ただし、長期損害保険の保険料控除を受けてい

た人は、経過処置としてそのまま継続されています)。

節税しながら年金を増やせる「確定拠出年金」

前項まで、民間の保険に入ったときの節税についてお話ししてきましたが、それに絡めてここからは「自分で年金額を増やす方法」をご紹介していきたいと思います。

サラリーマンの方は、年金は、収入によって決められていると思っている方も多いようですが、決してそうではありません。個人年金保険(確定給付年金)に加入したり、「確定拠出年金」に加入するという方法もあるのです。そして、それらの個人で加入する年金は、いずれも節税上の恩恵があります。

個人年金保険、確定拠出年金をうまく嚙み合わせれば、節税をしながら、年金を分厚くすることができるのです。

まず自分で年金を増やす方法として、念頭に置いていただきたいのが「確定拠出年金」です。

この確定拠出年金は、現役時代に掛け金を確定させて納め、その資金を運用して損益が反映されたものを老後に受給するという私的年金制度です。掛け金も自分で自由に決めることができます。

企業年金を持たない中小企業や自営業者のためにつくられた制度ですが、企業年金を持っている大企業にお勤めの方でも入ることができます。

企業年金を持たない中小企業のサラリーマンや自営業者の場合は、掛け金の上限が月６万８０００円です。企業年金のある企業のサラリーマンの場合は、上限２万７５００円です。

個人年金保険は基本的に元本保証で安全なのが売りですが、多少リスクを取っても年金額をアップさせたいという人にお勧めなのが、確定拠出年金です。これは保険会社に運用を任せるのではなく、自分自身で銀行や証券会社などの管理会社が用意している金融商品で運用するというのが大きな特徴です。ですから、うまく運用に成功すればその分、もらえる年金額は大きく増えることになります。もちろん、失敗すれば年金額は減ることになります。

また、リスクを取りたくないという人には、元本保証という商品もあります。

リスクのある年金商品と聞くと、株式投資などをした方が得ではないか、と思われるかもしれません。しかし、この確定拠出年金の場合、お得な制度があるのです。それはサラリーマンの場合、掛け金が全額控除となるのです。前述した個人年金保険の場合、年間8万円以上の保険金額で年間4万円の所得控除でしたが、この確定拠出年金は月額2万7500円×12＝33万円が控除となるのです。

たとえば、毎月3万円の個人年金用のお金があった場合、1万円を個人年金保険にすれば、年間で4万円、残りの2万円を確定拠出年金にすれば24万円すべてが控除となるのです。

個人年金保険の控除より、はるかに節税効果は高く、最大のメリットだと考える人も多いです。多少の勉強は必要ですが、節税に加え、受け取る年金額もアップできる可能性があるところが魅力です。

安心なのは「確定年金」保険

少子高齢化や財政赤字、GPIF（年金積立金管理運用独立行政法人）による株式運用比率の増加によるリスク増大などで、公的年金が揺らいでいます。年金制度そのものがなくなることはないでしょうが、支給額の引き下げや受け取れる年齢が、現在の65歳から引き上げられる可能性は十分に考えられます。

ここでリスクヘッジとなるのが民間の保険会社が扱っている個人年金保険です。年金制度は、大きく分けて公的年金（第4章で詳述します）と個人年金があります。この個人年金保険について、説明したいと思います。保険会社が扱う年金保険には個人年金保険と変額年金保険があります。しかしながら、この二つには大きな違いがあります。それは、

・個人年金保険には元本保証があるが、変額年金保険にはないこと
・所得控除があるのは、個人年金だけということ

というものです。変額年金保険の場合は、運用実績で大きなリターンを得られる代わりに元本割れする可能性もあるというハイリスク・ハイリターンな商品だと考えておけばい

いでしょう。よって、ここでは個人年金保険に絞って話を進めていきたいと思います。

個人年金保険とはいうまでもなく、保険料を積み立てていくことで将来、年金を受け取れるというものです。この受け取り方については、代表的な3つの個人年金保険を紹介してそのメリットとデメリットを見ていきたいと思います。

話はそれますが、年金といっても、必ずしも年金形式でなくとも「一時金」として全額もらえる契約のものもあります。ある程度、まとまったお金が必要になった場合や大きな病などで余命宣告を受けた場合などに有効かもしれません。ただし、この「一時金」形式の個人年金の場合、積み立てた保険料は同額でも、年金形式で受け取る総額より少なくなってしまうという性質があることが要注意です。どちらでもらった方が得なのか、個人によって差はありますが、このことだけは覚えておいてほしいと思います。

さて、話を元に戻しますが、年金の受け取り方について3つの形式がありますが、それぞれのメリットとデメリットを説明しましょう。

・終身年金

読んで字のごとく、生きている限り、一生年金を受け取れます。現在、平均寿命が男女ともに80歳を超え、90歳代まで生きる方も多い中、「長生きリスク」に対応できた受け取り方ではあります。しかし、予想に反して早めに亡くなってしまうと、受け取る額が支払った額より少なくなってしまう、つまり元本割れになってしまうケースもあることを覚えておいてください。また、保険料も他の二つのものに比べて高いです。

・確定年金

これは決められた期間だけは、必ず年金が受け取れるというものです。だいたい、5年・10年・15年というケースがほとんどです。この確定年金の良いところは、本人（被保険者）が亡くなってしまっても、契約した期間中は遺族に支払われるところです。掛け捨てにはならず、元本割れもありません。もっとも安心ともいえるでしょう。

・有期年金

有期年金は確定年金同様に、決められた期間だけは必ず年金がもらえます。ただし、確定年金と大きく違うところは本人（被保険者）が亡くなってしまうと、それ以降は支払われないということ。亡くなる時期が早いと、元本割れとなってしまう場合も多いといえるでしょう。ただ、終身年金、確定年金と比べて保険料は安いというのが特徴です。

また、これらとは違った形で「夫婦年金」という年金もあります。夫婦で加入し、どちらか一方が生きている限り年金が受け取れるというものです。夫婦別々に年金に加入するよりは割安で終身年金に近い性質もありますが、どちらか一人になった場合、もらえる年金額が変わる（70～100％）こともあり得るので、契約する際に確認しておいてほしいものです。また、これは夫婦仲良く老後を過ごす前提で設計されたものですから、熟年離婚などになった場合は当然のごとく無駄になってしまいます。

個人年金保険は年8％のハイリターン商品

個人年金保険は、金融商品としても魅力的です。もちろん、バブル期と違い、利率は超低いので、早めに保険に入った人でも、返戻率は120％を超えれば御の字といえるでしょう。

それでも、個人年金保険が金融商品として優れているといえるのは、所得控除が受けられるからです。

個人年金保険の控除も88ページの図⑥を見ていただくとわかるように、年間8万円以上の保険料を払い込んでいれば、4万円の個人保険料控除が受けられます。だいたい、個人年金保険をかける方々は平均して月額1万～2万円くらいがほとんどですから、ほぼ全員が4万円の個人保険料控除が受けられると考えていいでしょう。

また住民税についても、年間5万6000円以上の保険料を支払っていれば、2万8000円の個人年金保険料控除が受けられます。つまり、月額1万～2万円の個人年金保険料を払うことによって、所得税、住民税合わせて最高で6万8000円の所得控除が受けられるのです。戻ってくる税率に換算すれば、平均的サラリーマンでおおよそ1万円程度になります。

前述したように、年間に支払う保険料は月1万～2万円ですから年間で換算すると、12万～24万円となります。仮に1万円の保険料を払っていたとしたら払込額12万円のうち1万円は税金で賄ってくれるのと同じです。その税金分を利子として計算すれば、8％に相当します。現在、まともな金融機関が販売している商品で8％の利子がつく金融商品などあり得ません。それゆえ、個人年金は優れた金融商品だといえるわけなのです。

ただし、個人年金の所得控除を受けるには、「個人年金保険料税制適格特約」を付加しなければなりません。この特約をつけるには次の4つの条件が必要です。

1、年金受取人の名義が契約者または配偶者のどちらかであること
2、年金受取人は被保険者と同じ人であること
3、保険料を払い込む期間は10年以上あること（一時払いは不可）
4、受け取る年金の種類が確定年金・有期年金の場合は、年金開始日における被保険者の年齢が60歳以上で、年金受取期間が10年以上であること

これらの条件に当てはまるのならば、個人年金保険に加入した方が絶対にお得だということです。

個人年金保険に加入した場合、絶対にやってはいけないことがあります。それは途中解約です。しかも、加入してから早期の途中解約は確実に元本割れしてしまいます。

個人年金保険に入っている人が、年金の受け取り開始前に亡くなった場合、死亡給付金という形で、それまで払い込んだ保険料相当額が遺族に支払われます。たとえば、毎月1万円の年金保険料を払っていた方が、10年後に受け取り開始前に亡くなった場合、1万円

×12か月×10年間で120万円が遺族に支払われます。

途中解約してもらえるお金を解約返戻金と呼びますが、この解約返戻金は相当低くなります。当然ですが、保険会社は預かった保険金を運用しますから、その手数料や会社の経費などが引かれるからです。だいたいの個人年金保険の商品には、契約者に低金利でお金を貸し付ける「契約者貸付」という制度があります。急にまとまったお金が必要になった場合は、保険を解約するのではなく、この「契約者貸付」制度を利用するのが賢い選択です。

外資系企業が報酬よりも待遇を手厚くする理由

ところで欧米の外資系の企業の給料というのは、非常にキメが細かいです。

外資系企業もいろいろありますので、中には大雑把なところもあるかもしれません。ですが、総じていえば、日本の企業に比べて、欧米の企業の給料の支払い方は非常に細かいことが多いのです。

それは、大リーガーやハリウッド俳優などの話の中でも出てきます。

大リーガーの契約条件の中で、広大な豪邸を用意するとか、ファーストクラスでの帰国料金を年数回分用意する、というようなことがときどき報じられます。

またハリウッドの俳優などは、出演の報酬以外に、撮影時の食事や、豪華な控室（ロケ車）を用意してもらうことが当たり前になっています。

一方、日本の場合、プロ野球選手が、球団から家を用意してもらったなどという話はほとんど聞きません（外国人選手を除いて）。俳優やタレントなどの撮影時の待遇などもお粗末なもので、ほぼ普通の弁当であることが多いようです。年に何億円も稼いでいるタレントが、ロケ弁当ばかりで非常に貧しい食生活をしているというような話もよくあります。

一般の企業でもそうです。外資系企業の場合は、給料以外の福利厚生などが行き届いていることが非常に多いです。育児関連サービスを受けられたり、会社がスポーツジムと契約していて、社員が自由に使えるようになっていたり、ということがよくあります。またその福利厚生の内容も、社員それぞれの生活に合わせ、ある人にはスポーツ、ある人には旅行の補助金など、キメの細かい設定がされていることがままあります。

しかし、日本の企業は、それほど福利厚生には気を使いません。

この違いは一体何なのでしょうか？

国民性の違い？

もちろん、それもあるでしょう。

しかし、筆者には根底に報酬や税金に対する考え方の違いがあると思われます。

欧米の人たちが、報酬の金額面以外の部分（待遇など）にこだわるのは、実は税金と無関係ではないのです。というのも、報酬を現金でもらえば、税金がかかります。でも、待遇を良くしてもらうことは、「仕事の経費の範囲内」とされるので、税金がかかることはほとんどありません。会社としても、福利厚生費として損金として計上できるから両者にとって得となるわけです。

だから、欧米の人たちは、報酬の金額と同じくらい「待遇」にもこだわるのです。

たとえば、大リーグの選手が、報酬の他に、住居や航空チケットなど1億円分の供与を受けたとします。この1億円をもし報酬として普通に現金でもらえば、だいたいその半分が税金として取られます。が、報酬以外の「待遇」として受け取れば、その税金がかからないで済むのです。

だから、欧米の人たちは、報酬を1億円上乗せすることよりも、その分、待遇を良くしてもらうことを選ぶわけです。

が、日本人の場合はそうではありません。

日本人は、もらう側自らが、待遇よりも報酬を欲しがります。

プロ野球選手は契約更改のときに、報酬を上げるように交渉することはあっても、待遇を良くすることを求める選手はほとんどいません。いても、「チーム全体の待遇を良くしろ」というような、義侠心にかられてのものがほとんどです。「報酬の一環として、自分の待遇を良くしてくれ」というような選手は、ほんのごく一部です。

日本人の場合、報酬をもらうとき、税金のことまで頭が回っていないことがほとんどです。が、欧米人の場合、報酬をもらうときに常に税金の計算をしているように見受けられます。そして、報酬を出す側も、それを踏まえて、相手の税金を考えた提案をしてくることが多いのです。

また日本人は報酬の「金額自体」がステータスになっているので、たくさんの金額をもらうことに最大の喜びを感じてしまい、減らすようなことはいっさい考えたくないようです。それは、プロ野球選手やタレントだけではありません。

サラリーマンもそうです。

サラリーマンが、「給料を上げろ」と会社に要求することはときどきありますが、待遇を改善しろ、と要求することはあまりありません。いや、あることはありますが、まず最大の争点が給料であり、待遇は二の次、三の次扱いです。

個人で福利厚生を充実させる方法

前項では、外資系企業の福利厚生が行き届いているというお話をしました。

しかし、そういうと「うちの会社は小さいから福利厚生なんて全然ないよ」という方もおられるはずです。そういう方も諦める必要はありません。

社員が自分で福利厚生を充実させる方法もあるのです。

それは、「中小企業勤労者福祉サービスセンター」というものです。

これは厚生労働省が支援して、市区町村単位で設置されている福利厚生団体なのです。

会費は市区町村によって異なりますがだいたい月４００～５００円くらいです。それだけで相当に充実した福利厚生サービスが受けられるのです。ここの福利厚生サービスは、超一流企業の福利厚生をしのぐほどだといってもいいでしょう。

たとえば、中小企業勤労者福祉サービスセンターの埼玉県川越市支部にあたる「川越市勤労者福祉サービスセンター」の場合、次のようなサービスがあります。

東京・池袋のサンシャイン水族館の入場料が、通常2000円のところを会員料金1300円（大人料金）になります。映画料金は通常1800円のところが会員料金1100円になります（映画館は指定あり）。千葉県富津市にあるマザー牧場の入場券も通常1500円のところが、会員料金1000円になります。西武園ゆうえんちのオールシーズン券は、通常3000円のところが、会員料金600円になります。川越湯遊ランドの入湯料が、通常1700円のところが会員料金800円になります（年12回まで）。

これは、川越市勤労者福祉サービスセンターの提携施設のほんの一例です。

しかも提携施設への割引は、だいたい一会員につき5～10人分が適用になりますので、家族の人数分は割引料金を利用できるということです。

これらの施設を年に数回、家族で利用するだけで、会費の元は取れてしまうのです。

しかも、川越市勤労者福祉サービスセンターのサービスはこれだけではありません。慶弔費として、結婚や出産で1万円もらえる他、災害、病気などでも見舞金が出ます。障害見舞金では30万円ももらえます（交通事故の場合）。

他にも人間ドック利用の場合、最大8000円の補助が出たり、各種の教養講座の補助が受けられたり、冠婚葬祭資金の融資なども行っています。

福利厚生としては十二分な充実度だといえます。

川越市に限らず、どこの市区町村も似たようなサービス内容を持っています。制度自体は、市区町村によって異なりますが、だいたい入会金が数百円、月会費が400〜500円程度です。

「中小企業勤労者福祉サービスセンター」は、基本的に企業単位で入ることになっていますが、企業が加入していない場合は、個人でも入ることができます。つまり、中小企業に勤める人ならば、個人で入れるということです。

しかもこの「中小企業勤労者福祉サービス」は、「中小企業」と銘打たれていますが、その範囲はけっこう広いのです。

というのも、「中小企業勤労者福祉サービス」に加入できるのは、従業員が３００人以下の企業です。３００人というと、けっこう従業員としては多いですよね？　普通、中小企業というと、従業員１００人以下を指すことが多いものです。従業員３００人というと、かなりの大企業でも含まれます。

全サラリーマンの８割以上が、従業員３００人以下の企業で働いているので、つまりは、サラリーマンの８割以上が該当するということなのです。

自分の会社は福利厚生が少ないと嘆いている方は、ぜひ入会を検討してみてください。

第3章

あらゆる「控除」を使い倒せ！

まずは所得税の計算をしてみよう

この章では、手取り額を増やすための「控除」について記していきますが、まずはその前にちょっと視点を変えて、サラリーマンの税金の計算方法を説明していきたいと思います。サラリーマンの税金の計算方法は、至って簡単です。

数式にすれば、以下のようになります。

●（給与支払総額－給与所得控除－所得控除）×税率＝所得税（住民税も）

細かい部分には、もう少し複雑な点もありますが、だいたいこういうことです。

たとえば、給与支払総額が500万円で、所得控除（基礎控除や配偶者控除、社会保険料控除などの合計）が100万円の人の税金を計算してみましょう。図⑪の給与所得控除額を見てください。

給与支払総額が500万円の場合、給与所得控除額は154万円になります。

図⑪　給与所得控除額（平成28年分）

給与等の収入金額（給与所得の源泉徴収票の支払金額）	給与所得控除額
1,800,000円以下	収入金額×40% 650,000円に満たない場合には650,000円
1,800,000円超　3,600,000円以下	収入金額×30%+180,000円
3,600,000円超　6,600,000円以下	収入金額×20%+540,000円
6,600,000円超　10,000,000円以下	収入金額×10%+1,200,000円
10,000,000円超　12,000,000円以下	収入金額×5%+1,700,000円
12,000,000円超	230万円（上限）

出典：国税庁ホームページ

図⑫　所得税（平成27年1月1日より改定）

課税される所得金額	税率	控除額
195万円以下	5%	0円
195万円を超え330万円以下	10%	97,500円
330万円を超え695万円以下	20%	427,500円
695万円を超え900万円以下	23%	636,000円
900万円を超え1,800万円以下	33%	1,536,000円
1,800万円を超え4,000万円以下	40%	2,796,000円
4,000万円超	45%	4,796,000円

出典：国税庁ホームページ

だから、まずは500万円から154万円を引きます。さらにそれから所得控除額の100万円を引きます。残額は246万円です。

この246万円に、所得税率をかけます（図⑫の所得税を参照してください）。所得税率は10％で、控除額が9万7500円です。

だから、246万円の10％で、24万6000円。これから9万7500円を差し引いて、14万8500円。これが、所得税額ということになるのです。

給与支払総額500万円　所得控除額100万円の人の所得税の計算式

・給与500万円－給与所得控除額154万円－所得控除額100万円＝課税される所得246万円

・課税される所得246万円×10％－9万7500円＝14万8500円

リッチなサラリーマンは段階的に増税に

前項では年収500万円の方を例に出してみましたが、実は年収1500万円超のリッチなサラリーマンにとっては平成25年1月から「増税」が始まっています。年収1500万円超というと労働人口の数%程度しかいないから関係ない、累進課税なんだから高収入の人から取るのは当たり前だ、と他人事のように思われる方もいるかもしれません。しかし、徴税額を多くしたい税務当局がそのハードルを少しずつ下げてくるのは目に見えています。その証拠に平成28年からは年収1200万円超の方が、平成29年からは1000万円超の方の増税が始まります。この傾向は広がる可能性もあるので、その対策のためにも新たに始まった「増税方法」を知っておいて損はないと思います。

117ページの給与所得控除額の図⑪を見てください。これを見ればわかるように1200万円超の給与収入に対しては上限の230万円で所得控除が打ち止めとなっています。言い方を換えれば、どんなに頑張って給与収入1200万円が1500万円になろうとも、2000万円になろうとも、控除額は230万円のままですから、給与収入が増えれば増えるだけ所得税、住民税が上がり続け、一定額を超えると所得税も上がるというわけです。

そして、平成29年からは年収1000万円以上の方の控除額は上限が220万円となるわけですから、高額所得者層全員の所得税・住民税が上がっていくということです。

つまり、収入が上がれば上がるほど税金が多くなるというわけです。ある試算によれば、年収1500万円の人で平成28年に約5万円の税負担増、3年後の平成31年には約11万円もの税負担が増えるといわれています。年収1200万円の人の場合、平成29年から徐々に増税され、平成31年には3万円以上の税負担増となる形です。

筆者としては、どうせ高額所得者から税金をとるならば、数千万円、数億円の所得者からもっと税金をとってもらいたいものです。小金持ちからではなく、大金持ちからちゃんと税金を取れということです。

住民税は所得税よりも控除額が少ない

話を一般的な層に戻しましょう。所得税の次に住民税の計算方法をご説明します。

取られる方にとっては、「面倒だから所得税とか住民税とか分けないで、一括で取って

図⑬　住民税の配偶者控除

配偶者の合計所得金額	控除額
380,001円～449,999円	33万円
450,000円～499,999円	31万円
500,000円～549,999円	26万円
550,000円～599,999円	21万円
600,000円～649,999円	16万円
650,000円～699,999円	11万円
700,000円～749,999円	6万円
750,000円～759,999円	3万円
760,000円以上	0円

出典:国税庁ホームページ

くれ」という感じでしょうが、取る側にいろいろ事情があってそういうわけにはいかないのです。

一般の人にとっては、そもそも住民税って何？　という感じでしょう。

税金というのは、国税と地方税の２種類があります。国税というのは、国の財源として徴収する税金で、主なものは所得税、法人税、相続税、酒税などです。

地方税というのは、都道府県や市区町村の財源として徴収される税金で、主なものは住民税、固定資産税などです。

消費税は、８割が国、２割が地方という配分になっています。

そして地方税にも、市町村民税（区民税）と都道府県民税があります。

住民税は、面倒なことに一部が都道府県民税で、一部が市町村税（区民税）と分かれています。

住民税は、二つの方法で徴収されます。

一つは所得割という方法です。

所得割というのは、課税所得に対して一律10％が課せられる税金のことです。そしてこの10％の税金のうち、6％が市区町村に、4％が都道府県に分配されるのです。

住民税所得割も、所得税の計算と同じように、収入から各種の所得控除を差し引いた残額（課税所得）に税率10％が課せられるわけです。

だからといって、所得税の計算方法をそのまま使って税率10％かければいい、というわけではありません。

住民税と所得税とでは、所得控除の額が若干違うのです。

たとえば所得税の場合、配偶者控除は38万円ですが、住民税では33万円です。所得控除の額が少ないということは、課税される所得が若干、大きくなるということです。また生命保険料控除などでも、少し違いがあります。

そして住民税には、もう一つ均等割という徴収方法があります。

これは非課税となる人を除き誰もが同額の税金を払うもので、自治体によって若干金額が違いますが、だいたい4000~5000円です。

そもそも所得控除って何？

所得税と住民税の計算式のうち、普通の人にとって、ちょっと面倒なのが、「所得控除」でしょう。

所得控除というのは、一定の条件を持つ場合に、税金のかかる所得額を減らしてあげましょう、という制度です。たとえば、何回か触れました配偶者控除。これは、妻もしくは夫を扶養している人は、一人あたり38万円の所得を控除して（差し引いて）あげましょうという制度です。

この所得控除というのは、その金額だけ税金が安くなるということではありません。課税対象となる所得がその金額だけ安くなるということです。

だから、38万円の所得控除というと、所得税の対象となる所得が38万円安くなるということなので、勘違いしないようにしてください。

この所得控除額に、所得税率をかけた金額が、実際の節税額になります。

所得控除の種類は全部で、次の14種類あります。このうち、小規模企業共済等掛金控除は、サラリーマンには関係ありませんので、サラリーマンが使える所得控除は全部で14種類ということになります。

・基礎控除
・雑損控除
・医療費控除
・社会保険料控除
・小規模企業共済等掛金控除
・生命保険料控除
・地震保険料控除

・寄付金控除
・障害者控除
・寡婦（寡夫）控除
・勤労学生控除
・配偶者控除
・配偶者特別控除
・扶養控除

◆基礎控除

所得税、住民税を払う人は誰でも受けられます。

控除額は所得税が38万円、住民税が33万円です。

サラリーマンの場合は、何も申告せずとも、自動的にこの基礎控除を受けています。逆に言えば、基礎控除のし忘れというのは、あり得ないということです。

◆配偶者控除

年間収入が１０３万円以下の配偶者がいる人が受けられます。配偶者とは、妻とか夫のことです。内縁関係は対象になりません。

控除額は普通の人は所得税38万円、住民税33万円。

老人（70歳以上）は所得税48万円、住民税38万円。

同居特別障害者は所得税73万円、住民税33万円。

老人で同居特別障害者は83万円、住民税38万円。

配偶者特別控除は所得76万円未満まで

配偶者の所得が38万円以上あって配偶者控除が受けられない人で、配偶者の所得が76万円未満の人が受けられます。つまり、配偶者の収入が１０３万円以上１４１万円未満の人が、受けられるということです。条件としては、控除を受ける人の年間所得が１０００万円以下で、戸籍上の夫婦（内縁はＮＧ）だということです。

控除額は配偶者の収入によって段階的になっており、所得税が３万〜38万円までで、住

図⑭　所得税の配偶者特別控除額

所得金額	控除額
38万円を超え40万円未満	38万円
40万円以上45万円未満	36万円
45万円以上50万円未満	31万円
50万円以上55万円未満	26万円
55万円以上60万円未満	21万円
60万円以上65万円未満	16万円
65万円以上70万円未満	11万円
70万円以上75万円未満	6万円
75万円以上76万円未満	3万円
76万円以上	0円

出典：国税庁ホームページ

民税が３万～33万円までです。

この配偶者特別控除を受ける場合は、「扶養控除等申告書」（詳細は次項）に配偶者の収入などを記載し、会社に提出すればＯＫです。もし、会社に提出し忘れた場合は、配偶者の源泉徴収票と自分の源泉徴収票を持って、税務署に行けば大丈夫です。

扶養控除が一人増えれば11万円の節税に

扶養控除というのは、扶養している家族がいる人が受けられる所得控除です。これは、前章でも述べましたし、知っている人も多いでしょう。

図⑮　所得税の扶養控除額

区分		控除額
一般の控除対象扶養親族(※1)		38万円
特定扶養親族(※2)		63万円
老人扶養親族(※3)	同居老親等以外の者	48万円
	同居老親等(※4)	58万円

図⑯　住民税の扶養控除額

種類	控除額
一般の控除対象扶養親族 16歳以上19歳未満および23歳以上70歳未満	33万円
特定扶養親族 19歳以上23歳未満	45万円
老人扶養親族 70歳以上	38万円
同居老親等扶養親族 満70歳以上で同居している父母等	45万円

※1「控除対象扶養親族」とは、扶養親族のうち、その年12月31日現在の年齢が16歳以上の人をいいます。

※2 特定扶養親族とは、控除対象扶養親族のうち、その年12月31日現在の年齢が19歳以上23歳未満の人をいいます。

※3 老人扶養親族とは、控除対象扶養親族のうち、その年12月31日現在の年齢が70歳以上の人をいいます。

※4　同居老親等とは、老人扶養親族のうち、納税者又はその配偶者の直系の尊属(父母・祖父母など)で、納税者又はその配偶者と常に同居している人をいいます。

出典:国税庁ホームページ

所得税の場合、扶養している親族一人あたり38万円を、所得から控除できます。住民税は一人あたり33万円です。また扶養親族の年齢により若干の上乗せがあります。

38万円の所得控除というとけっこう大きいです。

所得税率が10%の人の場合は、扶養控除一人につき3万8000円の節税になります。これに住民税の分が加わりますので、合計7万1000円の節税になります。所得税率20%の人ならば、11万円程度の節税になります。

つまり、扶養控除を一人増やせば、だいたい7万円以上もの節税になるのです。

扶養控除は、普通は会社がやってくれます。年末近くになると、会社に「扶養控除等申告書」というものを提出するはずです。これに、自分が扶養している家族の氏名、年齢等を書きます。この扶養控除等申告書に従って、会社は扶養控除の手続きをしてくれるのです。

◆「医療費控除」

医療費控除というのは、医療費が10万円以上か、所得金額の5%以上かかった人が受けられるものです。

控除額は、所得税、住民税ともに（医療費－10万円か所得金額の5％の少ない方）です。

ただし対象となる医療費は、実際に払った金額だけで、生命保険の入院費給付金や健康保険の高額療養費、出産育児一時金などをもらった場合は、それを差し引かなくてはなりません。

スポーツジムの年会費やマッサージ代も取り戻せる

パソコンやスマホの普及により、老若男女問わず、目や首や肩、ひいては腰などを痛めている方は多いと思います。中高年の方などは脊柱管狭窄症《せきちゅうかんきょうさくしょう》やヘルニアなどの持病に苦しんでいる方も多数いらっしゃいます。そんなとき、整体院に通ってマッサージを受けたり、鍼《はり》を打ってもらって楽になりたいですよね。でも、保険適用外のマッサージ店などは1回の施術に数千円かかることもしばしば。週に1回、月に4回通ったとしたらどうでしょう。仮に1回5000円のマッサージ店ならば、月に2万円。年間で24万円もかかってしまいます。大金ですよね。

これを少しでも取り戻すのにはどうすればいいか？

実は「医療行為」であることを証明できれば、医療費控除が認められる可能性が高いのです。

医療費控除には、「悪いところを治す」という目的であれば、認められることが多いのです。

ポイントは二つあります。

一つは、必ず医師から病名を記入し、治療が必要であるという「診断書」をもらうこと。

もう一つは、通っている整体院などがきちんとした国家資格もしくはそれに準ずる資格を持っていること。

なので、きちんとした整体院に通って必ず領収書をもらっておいてください。

仮に年間24万円の整体治療費がかかったとして、年収６００万円の方が医療費控除した場合、還付される額は24万円－10万円＝14万円。14万円×20％（所得税率）＝２万８００0円ということになります。

また、特に中高年の方に多いのが生活習慣病ですよね。痛風や糖尿病、高血圧など様々な生活習慣病で通院されている方も多いかと思います。生活習慣病の場合、投薬治療に加えて、食事の改善や運動療法が医師から指示されることがほとんどです。医師から指示されて、民間のスポーツジムなどに通われている方も多いはずです。

この場合も医療費控除で、ジムの年会費など払った金額の一部を取り戻すことができます（ただし、メタボ治療は認められていません）。

これもポイントは二つあります。

一つは、整体院のときと同様、医師から診断書をもらっておくこと。【〇〇病治療のため、週に2日程度の運動療法が必要】などの診断書を必ずもらっておいてください。

二つ目は、スポーツジムが厚生労働省の指定を受けた場所であること。これは厚労省のホームページを見ればわかるので、事前に確認しておいてください。

おおよそですが、ジムの月会費は1万5000円くらいです。年会費にすれば18万円です。これを先ほどと同じ条件でシミュレーションしてみましょう。年会費18万円－10万円＝8万円。8万円×20％（所得税率）＝1万6000円が還付されるというわけです。

医療費控除は世帯ごとに合算できます。ゆえに整体で24万円、スポーツジムで18万円かかったとしたら合わせて42万円。他に家族が医者にかかったり、市販の風邪薬やケガをしたときの絆創膏《ばんそうこう》代なども認められるので一家で合算して10万円としましょう。42万円に10万円を足して総額52万円。医療費控除を使えば、52万円－10万円＝42万円。42万円×20％（所得税率）＝8万4000円も取り戻せることができるのです。

また子どもの歯の矯正も医療費に含めることができます。

大人になったら歯の矯正は美容のためとみなされますが、子どもの歯の矯正は健康のためとすることができるからです。

そして、すでにお気づきの方もいらっしゃるかと思いますが、医療費控除をする際は世帯の中でもっとも所得が多い人が確定申告することが大切です。たとえば、配偶者の所得が900万円を超えていた場合、所得税率は33％となります。先ほどと同じ世帯で52万円使ったとした場合、医療費控除を使うと52万円－10万円＝42万円。42万円×33％＝13万8600円に跳ね上がります。5万円以上も差が出るのです。医療費控除は高所得者がするというのは鉄則です。

◆「社会保険料控除」

社会保険料控除というのは、その年に払った社会保険料を全額、所得控除できるというものです。所得税も住民税も同じように全額を所得控除できます。

サラリーマンの場合、社会保険料控除は、原則として会社の年末調整で完結します。しかし、会社がやってくれる年末調整は、自分が支払った社会保険料だけしか反映されていません。だから、前述したように新たに扶養家族（収入のない子どもや親など）が増えた場合は、確定申告しなければならないのです。

社会保険料控除漏れの確定申告は簡単です。

社会保険料控除の額だけを、書き直せばいいのです。自分の源泉徴収票に記載されている社会保険料控除の額と、新たに控除を受ける家族の社会保険料の額を足したものを記入すればいいのです。

そして確定申告書には、源泉徴収票と、新たに控除を受ける家族の社会保険料の領収書を添付します。それで、全部ＯＫです。

◆「生命保険料控除」

前述したように、生命保険や個人年金保険、民間介護保険に加入している場合、一定の金額を控除できるというものです。控除の限度額は、所得税が3つ合わせて12万円、住民税が7万円です。

◆「地震保険料控除」

これも前述したように地震、噴火、津波を原因とする火災、損壊のための損害保険に加入している場合に受けられる控除です。控除の限度額は、所得税が5万円、住民税が2万5000円です。

災害に遭ったら「雑損控除」で少しでも取り戻せ

雑損控除とは、災害、盗難、横領により自分や扶養親族の所有する生活用資産について損失が生じた場合には、一定の金額をその年の所得金額から控除できるというものです。

図⑰　雑損控除の計算方法

① 損失額ー所得金額の10分の1
② 損失額のうち災害関連支出 （原状回復のための修繕費など）ー5万円
①②のうち多い方の金額が、雑損控除の額

（注1）損失金額とは、損失の金額から保険金などによって補填される金額を控除した金額です。

（注2）所得の金額とは給与所得者の場合、源泉徴収票の給与所得控除後の金額の欄に記載してある金額のことです。なお所得金額の10分の1とは、この金額以下の損失は認めないということです。

出典：国税庁ホームページ

簡単にいえば、自然災害や盗難などで、所得の10分の1以上の被害があれば、それを超えた分を雑損控除とできるのです。雑損控除の計算は、136ページの図⑰のようになります。所得税も住民税も、同じ計算式で控除額が算出されます。

つまりは、被害額が所得の10分の1以上か、災害関連支出が5万円以上かということです。

災害関連支出というのは、被害を受けた資産などを修繕する費用などです。

国税庁のホームページには、「雑損控除の災害関連支出の金額とは、災害により減失した住宅、家財などを取壊し又は除去するために支出した金額などです」と記載されています。

が、この表現は、非常に誤解を招くもので、正確ではありません。

災害関連支出というのは、建物を取り壊したり、除去したときの費用だけではなく、「災害で被害に遭ったときの家などの修繕費」も含まれるのです。

「国税庁のホームページの方が正しいはず」

と思う方は、ぜひ国税庁に直接問い合わせてみてください。「災害で被害に遭ったときの家などの修繕費も、雑損控除に含めていいのか?」と。国税庁は必ずこう答えるはずです。「含めて構いません」と。

なぜ、国税庁がこんなややこしい表現をしているのかというと、要はなるべくこの節税をさせたくないからなのです。税務当局というのは常々そういう性向があり、サイトのまぎらわしい記述は常套《じょうとう》手段とさえいえます。

ちょっと横道にそれましたね。元に戻しましょう。

盗難などの場合は、修繕費用が発生するようなことはないので、必然的に①での計算となります。

また自然災害で資産が損害を受けた場合は、①と②の二つの計算をして、どちらか多い方を採ることができます。

ただ①の場合は、資産の被害額をちょっと複雑な計算で算出しなければなりません。

たとえば、築20年購入費2000万円の家が半壊の損害を受けた場合、単純に「1000万円の損害」とすることはできません。築20年なので、建物の価値は減っているため、現在の建物の価値を基準にして、損害額を決めなくてはならないのです。この計算は、普通の方ではちょっと難しいと思われるので、税務署で算出してもらった方がいいでしょう。

②の場合は、修繕などをした場合、その費用が対象になります。なので、②の計算を用いる方が簡単です。たとえば、家が台風などで損壊して、200万円の修繕費がかかった場合、この200万円が災害関連支出ということになります。

なので、

200万円－5万円＝195万円

となり、195万円が雑損控除額ということになるのです。

ただし、ここで気をつけなくてはならないのが、雑損控除の対象となるのは「原状回復のための修繕費」ということです。

新たに価値が生じるような支出は認められない、ということです。たとえば、家が壊れたので、いっそリフォームしようということになったような場合、リフォーム費用の全部が雑損控除の対象にはならないということです。雑損控除の対象になるのは、あくまで元に戻すための費用ということです。

またこの「原状回復のための修繕」は、災害の日から1年以内に修繕したものでなければなりません（災害の状況などでやむを得ない事情があれば3年以内までOK）。

雑損控除の場合、損失額が大きくて、その年の所得金額から控除しきれない場合には、申告を要件に翌年以後3年間の繰越控除が認められています。だから、台風、地震などの災害に遭った場合、その年だけでなく、3年分の税金が安くなるのです。

雑損控除の対象となる事象は、災害、盗難、横領による損失です。

つまり地震や火災、風水害、盗難などによる損失が対象となるのです。詐欺や紛失などの被害は対象にはならないので注意を要します。

対象となる資産は、生活に通常必要な資産です。

主として居住用家屋や家財、その他生活の用に供している動産です。別荘や競走馬など趣味や娯楽のために持っている動産や不動産、1個あたりの価額が30万円を超える貴金属や書画、骨董品などは、対象になりません。

また雑損控除の場合には、あまり知られていない裏ワザがあります。

シロアリ退治や豪雪地帯の雪下ろしの費用も対象となるのです。

シロアリ退治をして5万円以上かかった人や、豪雪地帯で雪下ろしの費用が5万円以上かかった人は、5万円を超える部分が、所得から差し引けるというわけです。

シロアリだけではなく、スズメバチの駆除、イノシシなどの野獣対策費なども対象になります。動物による被害は「自然災害」とみなされるのです。

シロアリ駆除をした人や、寒冷地で雪下ろしにお金がかかった人は、ぜひ忘れずに利用するべきでしょう。

この雑損控除も、サラリーマンの場合（これまで確定申告していない場合）は、過去5年分まで遡って申告できます。だから、東日本大震災で、家屋に被害が受けていたけれど、申告するのを忘れていたという人も、平成28年でしたらまだ間に合います。

雑損控除の適用を受けるには確定申告が必要です。会社ではやってくれません。でも確定申告の仕方は簡単です。

災害関連支出をした領収証を確定申告書に添付します。

また、火災の場合には消防署が発行する「罹災《りさい》証明書」、盗難の場合には警察署が発行する「被害証明書」が必要とされます。サラリーマンの場合、申告書には源泉徴収票を添付します。

それを持っていって、「雑損控除の申告をしたい」といえば、後は税務署の人が申告書を作ってくれます。

◆「障害者控除」

障害者控除というのは、配偶者や扶養している親族が、障害者だった場合に受けられる控除のことです。ここでいう障害者とは、通常、福祉行政で認められた障害者のことを指しますが、詳しい定義については税務署にお尋ねください。

控除できる金額は障害者一人について所得税27万円、住民税26万円
特別障害者に該当する場合は所得税40万円、住民税30万円
特別障害者と同居している場合は、所得税75万円、住民税30万円

またこの障害者控除は、扶養控除の適用がない16歳未満の扶養親族にも適用されます。

障害者控除を受けるための手続きは、サラリーマンの場合、扶養控除等申告書にその旨を記載して会社に提出すればそれでOKです。

扶養控除等申告書に記入することや会社に提出するのを忘れた場合は、確定申告をして、控除を受けることもできます。その場合は、源泉徴収票とともに、障害者手帳か福祉事務所長の証明書の提示が必要です。

離婚した男女が受けられる寡婦（寡夫）控除

日本では離婚がごく一般的なものとなりました。

「寡婦（寡夫）控除」というのは、離婚した男女が一定の条件をクリアすれば受けられる

控除のことです。その条件とは次の通りです。

（寡婦）

・夫と死別または離婚した独身者で所得金額が５００万円以下である者…所得税27万円　住民税26万円

・夫と死別または離婚した独身者で扶養する子どもがあり、所得が５００万円以下である者…所得税35万円　住民税30万円

（寡夫）

・妻と死別または離婚した独身者で扶養する子どもがあり、所得金額が５００万円以下である者…所得税27万円　住民税26万円

これを見ればわかるように、寡夫よりも寡婦の方が、若干条件が緩くなっています。離婚独身女性の場合は、年収５００万円以下か、扶養している子どもがいれば受けられますが、離婚独身男性の場合は、その両方の要件を満たしていなければならないからです。男女平等とは言われつつ、税金の面では女性の方が優遇されているということです。離

婚した後、経済的に女性の方が苦しくなることが多いでしょうから、これは妥当な設定でしょう。

この寡婦（寡夫）控除は、女性の場合は、忘れていることは少ないようですが、男性の場合は、忘れているケースも多いようです。男性は、離婚したからといって税制優遇措置が受けられるとは思っていないからのようです。

しかし、最低税率の人でも、住民税と含めて３万円以上の節税になるので、ぜひ活用したいものです。

寡婦（寡夫）控除の手続きは、サラリーマンの場合は、会社に申告すればＯＫです。会社に申告していない場合などは、自分で確定申告をすれば控除を受けられます。必要な書類は、住民票など寡婦（寡夫）であることがわかるものと、源泉徴収票です。

子どもがバイトしていれば「勤労学生控除」を忘れずに

最近の大学生は、半分以上の人が有利子の奨学金を受けているとのことです。

有利子奨学金である第２種の場合、金利が高いと年３％も取られます。この超低金利時代に3%とはたまったものではありません。奨学金という名のローンです。

そんな大学生の多くは、アルバイトをしているようですが、このようなバイト生を持つ親御さんや当の本人にぜひ知っておいてもらいたいのが、この「勤労学生控除」です。

勤労学生控除とは、働く学生で所得金額が65万円以下である場合には、所得税27万円、住民税26万円をその年の子どもの所得金額から控除できるというものです。

所得金額65万円以下というのは、アルバイトなど給与所得の場合は65万円の給与所得者控除があるので、収入としては130万円以下ということになります。

つまり、勤労学生の場合、アルバイト収入が130万円以下ならば、所得は65万円以下になり、勤労学生控除27万円と基礎控除38万円が所得から控除されるので、所得税がかからないということです。

ただし勤労学生控除を受けられる学生というのは、大学など特定のものに限られます。

バイト学生の場合、税金など関係ないと思っている人も多いようですが、昨今ではアルバイトでも、源泉徴収されるケースが多いです。

勤労学生に該当する人は、確定申告をすれば、税金が10万円以上戻ってくることもあるので、ぜひ活用したいものです。

フリーター、派遣社員の税金が還付になるということを前述しましたが、この「勤労学生控除」を使えば、その還付になる額が増えるということです。

勤労学生控除が受けられる学校

イ、学校教育法に規定する中学、高校、大学、高等専門学校など。

ロ、国、地方公共団体、学校法人、医療事業を行う農業協同組合連合会それに医療法人等が設立した専修学校や各種学校で職業に必要な技術を教えるなど一定の要件に当てはまる課程を履修させるもの。

ハ、職業能力開発促進法の規定による認定職業訓練を行う職業訓練法人で一定の要件に当てはまる課程を履修させるもの。

（注）自分の学校が当てはまるかどうかわからない場合は、学校の窓口で聞けば教えてくれます。

勤労学生控除の手続きは、アルバイト先（会社）などが、年末調整をしてくれているようなら、「勤労学生控除を受けたい」と会社に言えば、すべてやってくれます。年末調整をしてくれているかどうか、会社に問い合わせてみましょう。

会社で年末調整をやっていない場合、また会社で勤労学生控除を受けるのを忘れた場合は、確定申告すれば問題ないです。必要な書類は、会社から発行される源泉徴収票と、学校の在学証明書です。

子どもの学校への寄付金も「寄付金控除」で落とせる

寄付金控除というのは、公的機関、公益法人などの特定の機関に寄付をしたときに受けられる控除のことです。

「寄付なんてしないから自分には関係ない」

と思った人も多いでしょう。それが実はけっこう関係あるのです。

というのも、この寄付金控除は、学校への寄付も対象となるのです（入学時の寄付金は除く）。

何年かに一回くらいは同級生から「何周年なので寄付をしてほしい」という案内が届くこ

とがあるでしょう。それを見て思わず寄付をしてしまった人もいると思います。

また子どもの通っている学校から寄付が呼びかけられたりするケースもけっこうあるはずです。そこで、やむを得ず寄付をしてしまった親も多いはずです。

そういう寄付であっても、控除の対象となるので、忘れずに活用したいものです。

寄付金控除を受けるには、確定申告が必要です。

必要書類は、寄付金の受領証、政治団体に対する寄付金については、選挙管理委員会の確認印のある「寄付金控除のための書類」、サラリーマンの場合は、それに源泉徴収票です。

寄付金控除額の計算

●特定寄付金の額（注）マイナス2000円＝寄付金控除額　（注）寄付金控除額は総所得金額の40％が限度額となります。

控除を受けられる特定寄付金の範囲

①国または地方公共団体に対する寄付金や日本赤十字社等に対する災害義援金。
②広く一般に募集され、かつ公共性や緊急性が高いもので財務大臣が指定したもの。
③教育又は科学の振興、文化の向上、社会福祉への貢献その他公益の増進に著しく寄与するものと認められた特定公益増進法人に対するもので、その法人の主たる目的である業務に関連するもの。社会福祉法人、私立学校法人などがこれに該当する（特定公益増進法人リストは税務署等に備え付けてあり、国税庁のホームページでも調べることができます）。
④政治活動に関する寄付金　政治団体に行った寄付のうち選挙管理委員会等が認めたもの。
なお、政治活動に関する寄付金については、寄付金控除にかえて政党等寄付金特別控除という税額控除の適用を受けることもできます。高額納税者は一般的には税額控除の方が有利となります。

計算式は次の通りとなります。

●（寄付金マイナス２０００円）×30％＝政党等寄付金特別控除額

住民税の寄付金控除は1割が節税となる

住民税にも寄付金控除はありますが、これには所得税とは大きく違った仕組みがあります。住民税の寄付金控除には、普通の寄付金控除と、「ふるさと納税制度」というものがあります。ふるさと納税制度は、昨今、雑誌やテレビなどでもよく取り上げられますので、ご存じの方も多いでしょう。

まずは普通の寄付金控除からご説明します。

普通の寄付金控除の額は次の通りです。

(寄付金〈※1〉マイナス2000円)×10%〈※2〉

〈※1〉総所得金額等の30%を限度

〈※2〉「都道府県・市区町村が条例で指定する寄付金」の場合は、次の率により算出

・都道府県が指定した寄付金は4%

・市区町村が指定した寄付金は６％
・都道府県と市区町村双方が指定した寄付金の場合は10％

つまりは、寄付した金額から２０００円を差し引き、それに10％をかけたものが寄付金控除の額になります。

そして住民税の寄付金控除が、他の所得控除と大きく違う点は、税額から控除されるということです。他の所得控除は、所得が控除されるだけですが、寄付金控除の場合は、税額そのものが控除されるのです。つまりは、控除額がそのまま節税額となるのです。

もし10万円を寄付すれば、９８００円が寄付金控除の額ということになります。寄付した額のだいたい１割程度と覚えておけばいいでしょう。

パソコンまでもらえる「ふるさと納税」をフル活用しよう！

次に、ふるさと納税制度についてご説明しますね。

ふるさと納税制度というのは、市区町村に対して寄付した場合、次のような控除が受け

図⑱　全額控除されるふるさと納税額の目安

ふるさと納税を行う方本人の給与収入	ふるさと納税を行う方の家族構成					
	独身又は共働き	夫婦又は共働き+子1人(高校生)	共働き+子1人(大学生)	夫婦+子1人(高校生)	共働き+子2人(大学生と高校生)	夫婦+子2人(大学生と高校生)
300万円	31,000	23,000	19,000	15,000	10,000	4,000
350万円	38,000	30,000	26,000	22,000	17,000	9,000
400万円	46,000	38,000	34,000	30,000	25,000	17,000
450万円	58,000	46,000	42,000	38,000	34,000	25,000
500万円	67,000	59,000	52,000	46,000	42,000	33,000
550万円	76,000	67,000	64,000	59,000	52,000	42,000
600万円	84,000	76,000	73,000	68,000	65,000	53,000
650万円	107,000	85,000	82,000	77,000	74,000	65,000
700万円	118,000	108,000	105,000	86,000	83,000	75,000
750万円	129,000	120,000	116,000	110,000	107,000	85,000
800万円	141,000	131,000	128,000	122,000	118,000	109,000
850万円	152,000	143,000	139,000	133,000	130,000	120,000
900万円	164,000	154,000	151,000	145,000	141,000	132,000
950万円	176,000	167,000	163,000	157,000	154,000	144,000
1,000万円	188,000	179,000	176,000	170,000	166,000	157,000
1,500万円	394,000	382,000	378,000	371,000	366,000	355,000
2,000万円	572,000	560,000	556,000	548,000	544,000	532,000

出典：総務省ホームページ

られるというものです。

（寄付金マイナス2000円）＝寄付金控除額

※ただし住民税所得割額の2割が上限

たとえば、ある人がある市に1万円を寄付した場合、8000円が控除になるのです。ただし、還付されるのは、控除額に所得税率をかけた分のみです。たとえば、8000円が控除になる人で、所得税率が10％の人は、800円が還付金として振り込まれます。残りの7200円は、翌年の住民税から差し引かれることになります。

が、ふるさと納税制度の場合、普通の寄付金と大きく違う部分があります。ご存じのように、ふるさと納税制度で寄付してくれた人のために、特産品などの謝礼を用意している市町村がけっこう多いのです。この謝礼が豪華なために、「ふるさと納税制度は得をする」として一部で大ブームになっています。

1万円程度の寄付に対し5000円以上の特産品を提供する市町村も珍しくありません。

1万円の寄付をしても、8000円が戻ってくるのだから、実質負担は2000円です。2000円の負担で5000円以上の特産品がもらえるのだから得になる、ということなのです。図⑱でわかるように年収600万円で高校生の子どもがいる家庭の場合、年6万8000円まで利用できます。

そして、このふるさと納税制度では、寄付先を細かく分けてもいいのです。3万円寄付する場合に、1万円ずつ、それぞれ別の市区町村に寄付をしてもいいのです。そうすれば、別々の市区町村から特産品が届くことになります。

各市区町村は様々な特産品を用意しています。肉、魚、米、野菜、地酒、うどん、ジャムなどの食料品から、温泉の入浴券、レストランの食事券、はてはパソコンや電動アシスト自転車まで、より取り見取りの商品が用意されています。

自治体のホームページなどに行けば、それを見ることができます。

また最近では、ふるさと納税の特産品を集めたサイトも多々あります。そういうサイトを見ながら、自治体に寄付をすればいいのです。

余談ですが、このふるさと納税を使い倒して、米や魚、肉などを次々とゲットして数か月分の食費をゼロにしたという強者もいます。

最大で400万円が戻ってくる住宅ローン控除

これまで様々な所得控除をご紹介してきましたが、最後に一番大きな控除をご紹介します。

「住宅ローン控除」です。源泉徴収票に「住宅借入金等特別控除の額」という文言が出てきますが、あれはこの「住宅ローン控除」のことなのです。

「住宅ローン控除」というのは、これまでに説明した控除とは異なり「所得控除」ではありません。「税額控除」なのです。一般の人にはわかりにくい話かと思います。「所得控除」というのは、「税金のかかる所得」を減らしましょうという制度です。一方、「税額控除」というのは税金そのものを減らしましょう、という制度です。どちらが節税額が大きいかというと、税額控除の方が断然大きくなります。住宅ローン控除は、その税額控除なのです。住宅ローン控除というのは、簡単にいえば、住宅ローン残高の1%分の税金が安くなるという制度です。

図⑲　住宅ローン控除の概要（一般住宅の場合）

居住年	平成26年4月～平成31年6月
借入金等の年末残高の限度額	4000万円
控除率	1.0%
各年の控除限度額	40万円
最大控除額	400万円

サラリーマンの場合、住宅ローン残高の1％が年末調整で返ってくる感じになります。

たとえば2000万円の住宅ローン残高がある人ならば、所得税が20万円戻ってくるのです。平均年収程度のサラリーマンならば、所得税がゼロになってしまうことも多いのです。本章の所得税の計算の項では、年収500万円の人の税金が14万8500円でしたよね？

だから、その人が20万円の住宅ローン控除を受ければ、所得税は丸々差し引かれるのです。さらに余った控除分は住民税から差し引かれるのです。

この住宅ローン控除の限度額は、平成26年4月以降に居住の場合は、年間40万円です。つまり、ローン残高4000万円までは1％の住宅ローン控除が受けられるということです。もっともローン残高がそれ以上ある人も、40万円までの控除しか受けられません。住宅ローン控除は10年間受けられますので、平成26年4月以降の居住の場合は、最大で400万円になります。

この住宅ローン控除、実は、非常に節税効果が高いものです。筆者は、所得税の控除の中では、住宅ローン控除がもっとも節税効率が高いものと思っています。

サラリーマンにとっては、最大の節税策といえるでしょう。住宅ローン控除は、普通の人でも年間数十万円単位で税金が安くなるんです。これを知っているのと知らないのとでは、経済生活がかなり違うと思われます。

住宅ローン控除は、手続きも簡単です。

住宅ローン控除は、1年目は必ず確定申告をしなければなりません。サラリーマンの場合は2年目からは、会社でやってくれます。サラリーマン以外の人も2年目の確定申告からは、住宅ローンの年末残高証明書を添付するだけでいいのです。

初めの年の確定申告は、必要書類をそろえて、税務署で申告書を作成してもらうのがいいでしょう。住宅ローン控除は、ローン残高に応じて控除額が自動的に決まるので、税務署員と見解の相違が起こる余地はありません。だから、税務署員に安心して相談することができます。

ただし、住宅ローン控除にはいくつか気をつけなくてはならない点があります。

住宅ローン控除というのは、住宅のかかわる「借入金の残高」が控除の基準となります。だから、原則として住宅ローンを組んでいない人は、受けることができません。

特例として、自己資金だけで家を建てた人も控除を受けられるようになりましたが、これは後でご紹介します。そして、住宅ローン控除の対象になるローンというのは、住宅部分に関するものだけです。家を買う場合、土地と建物を同時に購入することが多いと思われますが、土地の部分は住宅ローン控除の対象には含まれないのです。

敷地等の購入にかかる借入金の年末残高があっても、住宅借入等特別控除の対象とはなりません。つまり、土地を買った借金ではなく、建物を買った借金がないとダメなのです。

だから、もし家を買うときある程度、手持ちの現金があるのなら、それは土地の購入にあて、建物はローンを組むべきです。

住宅ローン控除の主な要件

新築の場合

1、住宅取得後6か月以内に居住の用に供していること

2、家屋の床面積が50㎡以上であり、床面積の2分の1以上が居住用であること

3、その年の所得金額が3000万円以下であること

4、住宅ローン等の返済期間が10年以上で、割賦による返済であること

中古住宅の場合

基本的には新築住宅の場合と同じだが、取得の日以前20年以内（マンションは25年以内）に建築されたものでなければならない。

（必要書類）

①住民票②登記簿謄本③売買契約書の写し④住宅ローンの年末残高証明書⑤給与所得者の

場合には源泉徴収票

「長期優良住宅」ならばローンなしでも控除が受けられる

住宅ローン控除では、買った家が「認定長期優良住宅」か「認定低炭素住宅」の場合は、さらに節税額が増えます。平成26年4月〜平成31年6月までに居住した場合、限度額は年50万円となります。

「認定長期優良住宅」というのは、一定の基準をクリアした災害などに強い住宅のことです。「認定低炭素住宅」というのは、家の素材や設備などで、炭素の排出が少ない住宅のことです。どちらも国が定めた基準により認定されなければなりません。

また先ほど述べましたように、自己資金で家を買った人も一定の条件をクリアすれば、控除が受けられます。一定の条件とは、国が定める「認定長期優良住宅」を自己資金で取得した人ということです。つまり、ローンなしで買った人も恩恵が受けられるというわけです。平成26年4月から平成31年6月までに取得した人は最高65万円の税額控除を受けられます。該当する人はやらない手はありません。

第4章

「社会保険」のオイシイ制度を見逃すな

遠距離通勤者ほど社会保険料は高くなる

この章では法定控除について説明していきます。法定控除とは、法律で給与から天引き（控除）されている所得税、住民税といった税金や、健康保険料、厚生年金保険料、雇用保険料、介護保険料（40歳以上の方が対象）などの社会保険料を指します。法定控除された税金や社会保険料は、企業が税務署や自治体、年金事務所、健康保険組合の健保組合に納付します。

ここでは社会保険料に特化して説明していきたいと思います。ところで、社会保険料の金額というのは4月から6月までの固定的な賃金（基本給、家族手当、住宅手当など）に加えて、月ごとに変動する残業代、休日出勤手当なども含まれた金額で決まります。

ということは、少しでも社会保険料を安くしたいのならば、4月から6月にもらう給料で、残業代や休日出勤を極力減らすようにすることです。もちろん、7月以降に極端に基本給などの固定的賃金が減った場合などは社会保険料が安くなる場合もありますが、基本的には4～6月は残業を控えて、7月以降にバリバリ働いた方がお得なのです。

また、固定的な賃金には通勤交通費が含まれていることにも留意が必要です。つまり、遠距離通勤者ほど社会保険料が高くなるのです。通勤交通費は現在10万円まで非課税ですが、平成28年度の税制改正で月15万円まで非課税の上限を上げる方針です。これによって、新幹線通勤者などが増え、政府は地方活性化につなげたいのでしょうが、こと社会保険料という立場から見た場合、遠くに住めば住むほど、高くなるということは覚えておいてください。

本書では、サラリーマンがいかに損をしない、得するためのノウハウを伝授することを主眼としていますので、細かい料率の配分など一般的な記述は極力省き、払っている社会保険料を元に給付が受けられるかもしれないお得な制度を次々に紹介していきます。

それでは各社会保険について説明していきましょう。

健康保険

高額療養費制度を使いこなせ

給与明細を見てみると健康保険料のところで基本保険料と特定保険料に分かれています（表示義務はないので健康保険料として合わせて表示している会社もあります）。この基本保険料というのは加入者への保険給付にあてる一般保険料のことを指します。そして、特定保険料というのは、後期高齢者医療制度（75歳以上）の開始に伴ってスタートしたもので、後期高齢者医療制度への支援金や前期高齢者医療給付制度への納付金など高齢者医療を支えるために使われるものを指します。

健康保険というと病気やケガをした際にお世話になるというイメージがあります。大病や大きな事故に備えて、民間の医療保険にいくつも入っている方も大勢います。しかし、筆者から言わせれば、民間の医療保険の多くは健康保険でカバーできます。一般的な民間の医療保険だと入院当日から1日1万円、60日保証などというものがあり、保険料も年齢にもよりますが、月に1万円程度支払うことがほとんどです。

ところが厚労省の平成26年の調査によれば、入院患者の平均入院日数は31・9日。平成2年より13日も減っているのです。医療財政が厳しい中、今後さらに減っていく傾向にあると思われます。しかも、入院日数というのは全世代を含めたもの。つまり、80代、90代のお年寄りも含めた数字です。ちなみに30歳前後では約11日、働き盛りの44歳まででも20日程度なのです。死亡者の多いがんにしても平均で19・9日。15年前の平成11年の40・1日の半分になっています。

で、なぜ健康保険でカバーできるかというと、**「高額療養費制度」**があるからです。自己負担額は小学校入学後から70歳までは3割負担ですが、病気やケガで入院したりして医療費がかさみ家計を圧迫させないための制度です。対象は健康保険が適用される範囲で、入院中の食費や差額ベッド代、先進医療などは対象外です。

166ページの図⑳をご覧ください。一般的な給与をもらっている区分ウの方ががんで入院したとしましょう。仮に入院10日で手術代含めて医療費の総額が100万円かかった

図⑳　高額療養費制度(70歳未満)

(平成27年1月診療分から)

所得区分	自己負担限度額	4か月目以降
①区分ア (標準報酬月額83万円以上の方)	252,600円+(総医療費−842,000円)×1%	140,100円
②区分イ (標準報酬月額53万〜79万円の方)	167,400円+(総医療費−558,000円)×1%	93,000円
③区分ウ (標準報酬月額28万〜50万円の方)	80,100円+(総医療費−267,000円)×1%	44,400円
④区分エ (標準報酬月額26万円以下の方)	57,600円	44,400円
⑤区分オ(低所得者) (被保険者が市区町村民税の非課税者等)	35,400円	24,600円

(注)「区分ア」または「区分イ」に該当する場合、市区町村民税が非課税であっても、標準報酬月額での「区分ア」または「区分イ」の該当となります。

図㉑　70歳以上75歳未満

被保険者の所得区分		自己負担限度額	
		外来(個人ごと)	外来・入院(世帯)
①現役並み所得者 (標準報酬月額28万円以上で高齢受給者証の負担割合が3割の方)		44,400円	80,100円+(医療費−267,000円)×1% [多数該当:44,400円]
②一般所得者 (①および③以外の方)		12,000円	44,400円
③低所得者	Ⅱ(※1)	8,000円	24,600円
	Ⅰ(※2)		15,000円

※1 被保険者が市区町村民税の非課税者等である場合です。

※2 被保険者とその扶養家族全ての方の収入から必要経費・控除額を除いた後の所得がない場合です。

(注)現役並み所得者に該当する場合は、市区町村民税が非課税等であっても現役並み所得者となります。

出典:厚生労働省ホームページ

としても、実際に支払う金額は、8万100円＋（100万円－26万7000円）×1％＝8万7430円に過ぎません。事前に所属する組合健保などで手続きをしておけば、病院に支払う額はこれだけですみます。

もし、過去にこの制度を知らずに請求しなかった場合でも健康保険の給付の時効は2年です。2年以内なら、もらえることを覚えておいてください。

また現役を引退したお年寄りがもっと優遇されているのは、図㉑をご覧になっていただければ一目瞭然です。健康保険料を毎月払っているのだから、利用できるものは利用する。高額療養費制度を使いこなせばいいのです。

給料の3分の2が保障される傷病手当金

病気やケガで長期間、会社を休む場合、収入が途絶えて被保険者とその家族の生活が困窮してしまいます。そんなときに健康保険（健保組合や協会けんぽ）に加入している人を対象に支給されるのが**「傷病手当金」**です。この制度は、サラリーマン救済を目的としたものであるため、原則として自営業者などが加入する国民健康保険にはありません。サラリーマンならでは、のお得な制度です。支給される条件は4つあり、そのすべてを満たしていなければなりません。

1，業務外の理由による病気やケガの療養のための休業であること。

健康保険給付として受ける療養に限らず、自費で診療を受けた場合でも、仕事に就くことができないという証明があれば支給対象となります。ただし、業務上・通勤災害（これらは労災保険の対象となります）や原則病気と見なされないものは対象外となります。

2，仕事に就くことができないこと。

3，連続する3日間を含み4日以上仕事に就けなかったこと。

3日間の待機期間後、4日目以降に支給されます。待機期間には有給休暇、土・日曜日、祝日等も含まれるため、給与の支払いがあったかどうかは関係ありません。注意が必要なのは会社を連続して3日間休まなくてはならないということ。2日休んで1日出社した場合は待機期間の条件は認められません。

4，休業期間中に一定以上の給与の支払いがないこと。

図㉒ 傷病手当金支給日額・出産手当金支給日額目安早見表

等級	標準報酬		支給日額の目安
	月額	日額	3分の2額
	円	円	円
1	58,000	1,930	1,287
2	68,000	2,270	1,513
3	78,000	2,600	1,733
4	88,000	2,930	1,953
5	98,000	3,270	2,180
6	104,000	3,470	2,313
7	110,000	3,670	2,447
8	118,000	3,930	2,620
9	126,000	4,200	2,800
10	134,000	4,470	2,980
11	142,000	4,730	3,153
12	150,000	5,000	3,333
13	160,000	5,330	3,553
14	170,000	5,670	3,780
15	180,000	6,000	4,000
16	190,000	6,330	4,220
17	200,000	6,670	4,447
18	220,000	7,330	4,887
19	240,000	8,000	5,333
20	260,000	8,670	5,780
21	280,000	9,330	6,220
22	300,000	10,000	6,667
23	320,000	10,670	7,113
24	340,000	11,330	7,553
25	360,000	12,000	8,000
26	380,000	12,670	8,447
27	410,000	13,670	9,113

28	440,000	14,670	9,780
29	470,000	15,670	10,447
30	500,000	16,670	11,113
31	530,000	17,670	11,780
32	560,000	18,670	12,447
33	590,000	19,670	13,113
34	620,000	20,670	13,780
35	650,000	21,670	14,447
36	680,000	22,670	15,113
37	710,000	23,670	15,780
38	750,000	25,000	16,667
39	790,000	26,330	17,553
40	830,000	27,670	18,447
41	880,000	29,330	19,553
42	930,000	31,000	20,667
43	980,000	32,670	21,780
44	1,030,000	34,330	22,887
45	1,090,000	36,330	24,220
46	1,150,000	38,330	25,553
47	1,210,000	40,330	26,887
48	1,270,000	42,333	28,222
49	1,330,000	44,333	29,556
50	1,350,000	45,000	30,000

■標準報酬月額
まず入社時の報酬によって決められ、毎年決め直されます。また、報酬が大幅に変動したときも決め直されます。
※報酬とは、基本給、残業手当、住宅手当、通勤手当、家族手当、勤務手当など労働者が労働の対償として受け取るすべてのものをいいます。
年3回以下の賞与は含まれません。

■標準報酬日額　　過去1年間の標準報酬額を平均し、30で割ったもの

■支給日額
傷病手当金・出産手当金支給額は1日につき標準報酬日額の3分の2に相当する額（1円未満四捨五入）です。事業主から給与の支払いを受けた場合は、傷病手当金・出産手当金の支給額が調整（減額）されます。

出典：協会けんぽホームページ

この制度は、あくまで休業中の生活を保障するという主旨のため、給与が支払われている間は、支給されません。ただし、給与の支払いがあっても傷病手当金より少ない場合は、その差額が支払われます。

傷病手当金が支給される期間は最長1年6か月です。これを超えた場合はたとえ、働くことができない場合でも、傷病手当金は支給されません。傷病手当金の支給額は1日につき、標準報酬日額（基本給、残業代、通勤手当、住宅手当などを含めた過去1年間を平均して1か月のおおよそ賃金を30日で割ったもの）の3分の2です。目安として169ページの図㉒を参照してみてください（ただし、健康保険組合によっては、様々な給付について法律で決められた以上の給付「付加金」が支払われることがありますので、自身が加入する健康保険組合に確認してください）。

なお、傷病手当金は非課税所得なので、住民税や所得税の対象とはなりません。図の30等級の人が1年6か月休んで、約600万円の傷病手当金を受け取ったとしても、1円も税金を払う必要はないのです。

出産したら一人あたり42万円がもらえる

「出産育児一時金」という制度は、法律に基づく保険給付として、健康保険や国民健康保険などの被保険者またはその被扶養者が出産したとき、出産に要する経済的負担を軽減するために、一定の金額が支給される制度です。なぜかというと、出産は病気ではないので健康保険の適用外で、全額自己負担だからです。出産費用の全国平均は約47万4000円で、もっとも高い東京都は約58万6000円、もっとも安い鳥取県で約39万9000円と高額です。それで現在は子ども一人出産するたびに産科医療補償制度に加入している病院ならば42万円が支給されるのです。つまり双子なら84万円、三つ子なら126万円ということになります。出産費用が42万円を超えた場合は自己負担となりますが、だいぶ軽減されるはずです。なお、22週未満で出産した場合の支給額は一人あたり40万4000円が、妊娠12週を達した後の流産・死産でも出産育児一時金として支給されます。

働いていない場合（専業主婦）でも、夫の健康保険から支払われますし、未婚・既婚も問われません。会社を辞めた後、6か月以内の出産ならば働いていた会社の健康保険から受け取ることができます。

出産育児一時金には2通りの方法があります。

一つは「直接支払制度」というもので、出産育児一時金の請求と受け取りを、妊婦さんなどに代わって医療機関等が行う制度です。出産育児一時金が医療機関へ直接支給されるため、退院時に窓口で全額を支払う必要がなくなります。

もう一つが「受取代理制度」で、病院が本人に代わり一時金を受け取る方法です。「直接支払い制度」を導入していない病院で利用できます。「受取代理制度」を導入している病院の場合は、加入する健康保険組合などに出産育児一時金の請求を行う際、出産する医療機関にその受け取りを委任することにより、医療機関に直接育児一時金が支給される制度です。直接支払制度同様、窓口で多額の費用を支払う必要はありません。

どちらにも対応していない病院の場合、全額を支払う必要がありますが、後で申請すれば出産育児一時金は受け取れます。厚労省では「直接支払制度」を改善するとともに、小規模施設では「受取代理制度」の制度化を進めているので、窓口での高額な支払いはかなり減ってきているものと思われます。

産休中も給料の3分の2が保障される

出産して産休に入った女性には、ほとんどの場合、給与が支払われません。共働き家庭などでは家計に大きく響きます。それらの負担を軽減するための制度が**「出産手当金」**です。出産手当金は健康保険に加入している人なら、正社員だけでなく契約社員や派遣社員、パート、アルバイトでも関係なくもらえます。そして、傷病手当金同様、この制度も原則として国民健康保険には適用されていません。サラリーマン家庭にとって、とてもお得な制度です。

条件は、被保険者が出産のため会社を休み、その間に給与の支払いを受けていないことです。出産の日（実際の出産が予定日後の場合は出産予定日）以前42日（多胎妊娠＝双子など＝の場合98日）から出産の翌日以後56日目までの範囲で、会社を休んだ期間を対象として出産手当金が支給されます。

出産手当金の額は、やはり傷病手当金と同様、1日につき被保険者の標準報酬日額の3分の2です。傷病手当金同様、169ページの図㉒で、ご自分が受け取れる金額の目安にしてみてください。なお、会社を休んだ日に給与の支払いがあっても、その額が出産手当金より少ない場合は、出産手当金と給与の差額が出産手当金として支給されます。

出産手当金の支給期間中に傷病手当金も受けられる場合は、出産手当金が優先され、その間は、傷病手当金は支給されません。

また、出産を機に退職して育児に専念する場合でも、出産手当金をもらえることがあります。条件は退職までに被保険期間が継続して1年以上あり、退職した時点ですでに出産手当金の支給を受けているか、受けられる状態（出産日以前42日目が加入期間であること、かつ退職日は出勤していないこと）であれば、ＯＫです。

出産手当金に関連することでいえば、産休中の社会保険料免除も大きいです。これは平成26年4月に始まった比較的新しい制度です。それまでは子どもが3歳になるまでの育児休業中の健康保険、厚生年金保険料は免除されていましたが、この制度ができたことにより、申請することで産休中から育児休業中の社会保険料が免除されることになりました。

また、厚生年金にしても未払いではなく、支払ったものとしてカウントされ、年金がもらえるのです。そして、この社会保険料免除制度も健康保険加入者のみのもので、自営業者や、パートなど国民健康保険加入者は適用されていません。これもサラリーマンのお得な制度といっていいでしょう。

妊婦検診14回目まで助成される

出産と順序が逆になってしまいましたが、傷病手当金と出産手当金の支給条件と支払われる額がほぼ同じだったためです。ご理解ください。また、この制度は健康保険から支払われるわけではありませんが、お得な制度だけにご紹介したいと思います。

さて、前述したように妊娠・出産は病気ではないので、健康保険は使えません。全額自己負担です。妊娠すると検査代などに非常にお金がかかります。妊婦検診を受ける時期は、だいたい次のように決められているようです。

・妊娠初期〜23週まで＝4週間に1回
・妊娠24週〜35週まで＝2週間に1回
・妊娠36週〜出産まで＝1週間に1回

病院にもよりますが、普通の検査で3000円から8000円くらい、血液検査など特別な検査だと2万円以上かかるケースもあり、トータルで10万円以上かかることも珍しくありません。特に若い夫婦にとっては負担感が強かったはずです。喫緊の課題となっている少子化問題に歯止めをかけようと厚労省が音頭を取って、平成21年から始めたのが**「妊婦検診助成制度」**です。これは妊娠期間に受ける検査費用のうち、14回分程度を助成するというものです。この制度は国からの助成金と地方交付税交付金を財源にしているため、自治体によって差が生じています。

厚労省の調査では平成26年4月時点で、1739市区町村の妊婦一人あたりの助成金の平均は9万8834円でした。中には12万円を超える自治体がある一方、4万円台というのも7市区町村ありました。

一般的には現金を配るというものではなく、母子健康手帳とともに14回分のクーポンが支給され、それを妊婦検診の際に提出すれば、無料もしくは差額を出して受診できるというシステムです。里帰り出産など、住んでいる地域以外でも助成されます。

とにかく、自治体によって差があるので受診する市区町村のホームページなどで確認す

図㉓　特定不妊治療助成 平成28年4月1日～

対象年齢	42歳まで
通算回数	6回（注1）
年間助成回数	制限なし
通算助成期間	制限なし

（注1）40歳以降で始めた人は3回

ることをお勧めします。

不妊治療は1回15万円まで助成

前項同様、これも自治体主体によるものですが、知っておいて損はない制度なのでお伝えしますね。子どもが欲しいにもかかわらず、なかなか恵まれずに不妊治療をされている夫婦は多くいらっしゃいます。ある調査によると、不妊治療の平均期間は約2年、治療費総額は平均で140万円を超え、中には500万円もかかるケースもあるようです。経済的な理由で治療を諦めようとした夫婦は43％にも及んでいるそうです。

そんな夫婦を助成するための制度が**「特定不妊治療費助成金制度」**です。この制度は、平成28年4月から変わります。これまで対象年齢に制限がなかったのですが、42歳までとなってしまいました。その代わりに年間助成回数2回（初年度3回）だったのが限度なしに、通算助成期間も5年から限度なしに変わりました。通算助成回数はこれまでは10回だったのが、治療を始めた年齢39歳までの人が通算6回、42歳までの人が通算3回と変更になりました。

こうした年齢制限に加え、体外受精・顕微授精以外の治療法によって妊娠の見込みがないか、または極めて少ないと医師に診断された、法律上婚姻している夫婦という条件があります。つまり、内縁関係ではダメだということです。所得制限もあり、夫婦合算で730万円までの夫婦のみが受けられます。

助成金額は1回15万円です。ただし、凍結胚移植《とうけつはいいしょく》（採卵を伴わないもの）および採卵したけれども卵が得られないなどのため中止したものについては1回7万5000円となっています。

税務署でもそうですが、このような制度は積極的に教えてくれません。助成を希望され

図㉔ 新たな医療費助成における自己負担限度額（月額）

(単位:円)

階層区分	階層区分の基準（カッコ内の数字は、夫婦2人世帯の場合における年収の目安）		患者負担割合:2割 自己負担限度額（外来＋入院） 原則 一般	高額かつ長期(※)	人工呼吸器等装着者	既認定者（経過措置3年間） 一般	現行の重症患者	人工呼吸器等装着者
生活保護	ー		0	0	0	0	0	0
低所得Ⅰ	市町村民税非課税(世帯)	本人年収 ~80万円	2,500	2,500	1,000	2,500	2,500	1,000
低所得Ⅱ		本人年収 80万円超~	5,000	5,000		5,000		
一般所得Ⅰ	市町村民税課税以上約7.1万円未満（約160万円～約370万円）		10,000	5,000		5,000	5,000	
一般所得Ⅱ	市町村民税約7.1万円以上約25.1万円未満（約370万円～約810万円）		20,000	10,000		10,000		
上位所得	市町村民税約25.1万円以上（約810万円～）		30,000	20,000		20,000		
入院時の食費			全額自己負担			1/2自己負担		

※「高額かつ長期」とは、月ごとの医療費総額が5万円を超える月が6回以上ある者（例えば医療保険の2割負担の場合、医療費の自己負担が1万円を超える月が年間6回以上）。

出典:厚生労働省ホームページ

る方は住んでいる都道府県（政令指定都市または中核都市の場合は市）まで、相談することをお勧めします。

難病指定されたら月額3万円で治療が受けられる

難病とは、発病の原因が明らかでなく、治療方法が確立していない希少な疾病であって、長期の療養が必要とするものと定義されています。この難病のうち、患者数が一定の人数に達しない（人口の0・1%以下）こと、客観的な判断基準が確立していることを条件に、医療費の助成が行われています。これを**「難病医療費等助成制度」**といいます。

難病の患者さんの場合、精神的な苦痛も相当なものですが、それ以上に将来への不安、とりわけ治療にかかる金銭面の不安が大きいことから平成27年1月より、大きく拡充したのです（図㉔参照）。

それまではわずか56疾患しか認められていなかった難病が３０６疾患にまで認められ、助成の対象になる患者数もそれまでの約78万人から、約１５０万人に拡大されたと試算されています。

また、医療費の自己負担もそれまでの３割負担から２割負担へと引き下げられましたが、月額上限額は、高収入家庭（年収８１０万円以上が目安）では月額最大で３万円へと上げられ、そして、それまで自己負担ゼロだった重症疾病患者や重症患者にも、医療費の負担がかかるようになってしまいました。また、軽症者の場合は助成が打ち切られるケースもあるようです。

ちなみに助成対象とならないものを挙げておきます。

1、受給者証に記載された病名以外の病気やケガによる治療費
2、医療保険が適用されない医療費（保険診療外の治療・調剤、差額ベッド代、個室代、入院時

の食事等）

3、介護保険の訪問介護の費用

4、医療機関・施設までの交通費

5、補装具の作製費用や、鍼、灸《きゅう》、マッサージ費用

6、認定申請書などに提出した臨床調査個人票（診断書）の作成費用

7、療養証明書の証明作成費用

この難病医療費助成制度を利用したい場合の利用方法や金額の詳細は、市区町村に問い合わせてみてください。

いずれにせよ、難病指定が大幅に拡充され、自己負担減となったことは喜ばしいことです（一部例外はあります）。この制度も国から助成金が出て、各自治体が運用しますので、該当する方が周囲にいる場合、住んでいる区市町村に相談してみてください。

健康保険加入者が亡くなったら5万円支給される

被保険者や被扶養者が業務外の理由により亡くなった場合、残された家族は、それまで

加入していた健康保険に健康保険証を返却し、**「埋葬料」**の手続きをします。被保険者が亡くなった場合は、亡くなった被保険者により生計を維持されて、埋葬を行う方に5万円の埋葬料が支給されます。ここでいう、「生計を維持されて」いた人というのは、被保険者によって生計の全部、または一部を維持されている人であって、民法上の親族や遺族であることは問われません。また、被保険者が世帯主であるか、同一世帯であるかも問われません。

埋葬料を受けられる人がいない場合は、実際に埋葬を行った方に埋葬料の範囲内で実際に埋葬に要した費用が「埋葬費」として支給されます。実際に埋葬に要した費用とは、霊柩車代、霊柩運搬代、霊前供物代、火葬料、僧侶への謝礼等のことを指します。

ちなみに被扶養者が亡くなった場合も、被保険者に「埋葬料」が支払われます。

また、健康保険の資格喪失後に亡くなったとしても、次のいずれかに該当する場合は、埋葬料または埋葬費が支給されます。

1、被保険者が、資格喪失後3か月以内に亡くなった場合
2、被保険者が、資格喪失後の傷病手当金または出産手当金の継続給付を受けている間

に亡くなった場合

3、被保険者が、2の継続給付を受けなくなってから3か月以内に亡くなった場合

なお、前述したように傷病手当金や出産手当金は健康保険に加入していた方のみの制度で、原則として自営業者などの国民健康保険に加入している方は対象外ですが、こと亡くなった場合に関しては国民健康保険の加入者が亡くなった場合、「葬祭費」として、5万円（市区町村によって異なります）が請求可能です。こちらは亡くなってから、やはり2年以内に請求しないともらう権利は消滅してしまいます。

労働者災害補償保険（労災保険）

会社内で捻挫しても労災はおりる

これまでは、業務外の理由による病気やケガにおいての健康保険のお得な情報をお伝えしてきましたが、この項では業務上や通勤途中での災害で病気やケガをした場合の、いわ

ゆる労災について話を進めていきます。

労災保険は、社員を1人でも雇えば、原則会社の事業主に加入が義務付けられており、保険料も全額会社が負担します。そのため、給与明細には労災保険という項目はありませんが、知っているといないとでは大違いなので、触れたいと思います。

仕事等による病気やケガをした場合、労働基準監督署で労災になるかどうかを認定します。そして、認定された場合、完全に治るまで自己負担なしで治療が受けられるのです。これを**「療養補償給付」**（業務災害の場合）、「療養給付」（通勤災害の場合）と呼びます。自己負担なしでと言いましたが、これは労災病院や労災指定医療機関での治療の場合です。近くに労災病院などがなく、仕方なく指定医療機関以外で治療を受けた場合は、いったん全額自己負担で治療を受け、その後、手続きをすれば全額戻ってきます。ですから、領収書は絶対にもらっておいてくださいね。

詳細は後述しますが、労災の方が健康保険よりも給付の内容は断然厚いです。前述したように治療を受けた場合は、健康保険は3割負担ですが、労災は自己負担なし。また、健康保険の傷病手当金は標準報酬月額の3分の2ですが、労災の休業補償給付は、事故に遭った日の直前3か月の平均給与の8割程度が支給されるのです。

昨今、ブラック企業でハードな勤務を強制されたり、上司のパワハラなどでうつ病に罹患してしまい、自殺に追い込まれたりしたケースで労災が認められるというニュースが相次ぎましたが、もっと身近なところでも労災は認められます。

たとえば、社内で仕事をしていてトイレに行こうとした際に、つんのめって足を捻挫したとしましょう。これも労災に認められることが多いのです。昼休みにランチに行く途中にケガをしたとしても同じです。トイレだったり、食事をしたりというのは人間として最小限必要な行為とみなされるからです。

営業マンなどは車で得意先回りをすることも多いと思います。この際に、事故に遭ったりしても労災はおります。ただし、事故の被害者である場合は、原則、加害者に賠償してもらいます。また、自分が加害者でケガをしてしまった場合であっても、労災は使うことができます。ちなみに労災にも時効があって、治療費を支払った日の翌日から2年までは請求することはできますが、それを超えてしまうと認められないので注意が必要です。

さて、次に通勤災害によるケガなどで治療が受けられる給付についてのポイントを説明しましょう。

通勤災害では、寄り道が厳禁なのです。会社帰りに、映画を観たり、スポーツジムに通ったりして、その帰り道に事故に遭ったりした場合は認められません。同僚や友人とお酒を飲んだりしても同様です。

とはいえ、すべての寄り道がダメかというとそうではありません。夕食のおかずを買いにスーパーマーケットに立ち寄ったり、仕事に関連する書物を買うために書店に行ったりするのは問題ありません。もちろん、買い物中や書店にいるときにケガをした場合はダメですが、買い物が終わり、通常の通勤経路に戻った後にケガをした場合は給付が受けられます。

また、仕事帰りに能力向上のために職業訓練校や専門学校に通っている方もいらっしゃると思います。こういう場合も認められるケースが多いです。

休業補償給付はノータックス

労災による病気やケガのために、会社を休み、給与が出ない場合、労災保険が収入を補償してくれます。これを**「休業補償給付」**（通勤災害の場合は「休業給付」）といいます。

基本となる計算式は、次のように算定されます。これが休業日数分もらえるのです（休業初日から3日間除く）。

●給付基礎日額＝労災に遭った日の直前3か月の賃金÷その日数

この額の6割が休業補償給付として支給されるのです。そして、この給付基礎日額の2割が「休業特別支給金」として加算されるので、前項で前述したように賃金の8割が補償されるというわけです。しかも、この休業補償給付や特別支給金には税金がかかりません。なので、労災の可能性がある場合は、この制度を使わない手はありません。

たとえば、交通事故に遭い、加害者から休業補償をしてもらっていても2割の特別支給金は支払われますので覚えておいてください。

また休業補償給付には、日数制限がありません。働けない状態が続けば、ずっともらえるのです。傷病手当金が1年6か月で支給停止になるのに比べて、断然有利な制度です。この休業補償給付は1年6か月を過ぎた時点で、条件が揃えば傷病補償年金に移ることになります。

傷病補償年金に移行するとさらに金額が加算

前項で説明した休業補償給付ですが、1年6か月を過ぎても病気やケガが治らない場合、労災保険が定めるところの傷病等級の1～3級に該当する場合は**「傷病補償年金」**（通勤災害の場合は「傷病年金」）に切り替わり、手厚く補償されます。

図㉕をご覧いただくとわかるように、1級の場合は、前項で説明した給付基礎日額の313日分、2級で277日分、3級で245日分となっています。さらに、傷病特別支給金（一時金）として1級で114万円、2級で107万円、3級で100万円がそれぞれ支給されます。

そして、この傷病補償年金に移行すると傷病特別年金と呼ばれる金額が加算されるのです。この日割り金は、算定基礎日額と呼び、次のように計算します。

●算定基礎日額＝労災に遭った日以前の1年間のボーナス額÷365日

これも傷病補償年金同様、1級で313日分、2級で277日分、3級で245日分が加算されるのです。もし1年6か月が過ぎて1級～3級とならない場合は引き続き、休業

図㉕　傷病補償年金の額

傷病等級	傷病補償年金の支給額	傷病特別支給金	傷病特別年金
第1級	給付基礎日額の313日分	114万円	算定基礎日額の313日分
第2級	給付基礎日額の277日分	107万円	算定基礎日額の277日分
第3級	給付基礎日額の245日分	100万円	算定基礎日額の245日分

補償給付が受けられるというわけです。

治っても障害が残ればさらに補償

業務または通勤が原因となった病気やケガが治ったとしても、身体に一定の障害が残ってしまった場合には**「障害補償給付」**（通勤災害の場合は「障害給付」）が支給されます。残った障害が192ページに掲げる障害等級に該当するとき、その障害の程度に応じて、それぞれ次の通り、支給されます。

●障害等級第1級～第7級に該当するとき　**障害補償年金、障害特別支給金、障害特別年金**

●障害等級第8級〜第14級に該当するとき　障害補償一時金、障害特別支給金、障害特別一時金

ところで、労災保険における病気やケガが「治った」状態というのは、通常の場合とちょっと違います。労災保険における病気やケガが治ったときとは、身体の諸器官・組織が健康時の状態に完全に回復した状態のみをいうのではなく、病気やケガの症状が安定し、医学上一般に認められた医療（健康保険に準拠）を行っても、その医療効果が期待できなくなった状態をいいます。つまり、その病気やケガの症状の回復・改善が期待できなくなった状態のこと。労災保険では、これを「治癒」（症状固定）と呼んでいるのです。

図㉖㉗を参照していただければおわかりになると思いますが、労災による障害補償給付は、相当に手厚いものといえます。また、障害等級が第1級または第2級の胸腹部臓器、神経系統および精神の障害を有し、現に介護を受けている方は、介護補償給付を受給することもできます。

なお、ここまで紹介した労災・通勤災害の年金給付は年に6回、偶数月にそれぞれ前2か月分が支払われます。

図㉖　障害補償年金

障害等級が第1級から第7級までは、障害補償年金として等級に応じて定められた日数分に年金給付基礎日額を乗じて得た額が支給されます。

障害等級	障害補償年金	障害特別支給金	障害特別年金
第1級	給付基礎日額の313日分	342万円	算定基礎日額の313日分
第2級	給付基礎日額の277日分	320万円	算定基礎日額の277日分
第3級	給付基礎日額の245日分	300万円	算定基礎日額の245日分
第4級	給付基礎日額の213日分	264万円	算定基礎日額の213日分
第5級	給付基礎日額の184日分	225万円	算定基礎日額の184日分
第6級	給付基礎日額の156日分	192万円	算定基礎日額の156日分
第7級	給付基礎日額の131日分	159万円	算定基礎日額の131日分

障害補償給付が支給される場合には、障害補償給付のほかに障害の程度に応じて、障害特別給付金および賞与を基礎とする障害特別年金および障害特別一時金が支給されます。

図㉗　障害補償一時金

障害等級が第8級から第14級までは、等級に応じて定められた日数分が一時金として支給されます。障害補償一時金については、以下の表のとおりです。

障害等級	障害補償一時金	障害特別支給金	障害特別一時金
第8級	給付基礎日額の503日分	65万円	算定基礎日額の503日分
第9級	給付基礎日額の391日分	50万円	算定基礎日額の391日分
第10級	給付基礎日額の302日分	39万円	算定基礎日額の302日分
第11級	給付基礎日額の223日分	29万円	算定基礎日額の223日分
第12級	給付基礎日額の156日分	20万円	算定基礎日額の156日分
第13級	給付基礎日額の101日分	14万円	算定基礎日額の101日分
第14級	給付基礎日額の 56日分	8万円	算定基礎日額の 56日分

※一時金の等級に該当する障害については、支給後に障害の程度が重くなっても障害等級の変更は行われません。したがって、差額の支給等は行われません。ただし、傷病が再発して再び治ったときに以前より重い障害が残った場合は、その障害等級の一時金と再発前の障害等級の一時金との差額が支給されることになります。

※障害等級が8級から第14級に該当する人に障害が加わり、前以上の一時金の障害等級に該当した場合には、現在の障害等級に応ずる一時金の額を差し引いた額が支給されることになります。

出典：厚生労働省ホームページ

障害補償年金差額一時金とは？

障害補償年金の受給権者が死亡したとき、すでに支給された障害補償年金の合計額が、障害等級に応じて定められている一定額に満たないときには、遺族に対して、**「障害補償年金差額一時金」**が支給されます。

また、障害特別年金についても、障害補償年金と同様に、差額一時金の制度があり、障害特別年金の受給権者が死亡したとき、すでに支給された額が一定額に達しない場合には、**「障害特別年金差額一時金」**として遺族に支給されます。

これら二つの一時金の支給を受けることができる遺族は、次の（1）または（2）の遺族で、支給を受けるべき順位は（1）、（2）の順序、さらに（1）、（2）の中では記載の順になります。

（1）受給権者の死亡当時、その者と生計を同じくしていた配偶者（婚姻の届出をしていなくても、事実上婚姻関係にあったものでもOKです）、子、父母、孫、祖父母、兄弟姉妹

（2）（1）に該当しない配偶者、子、父母、孫、祖父母、兄弟姉妹

図㉘　障害補償年金差額一時金

障害補償年金の受給者が死亡した場合、死亡した人に支給された障害補償年金の合計額が下記の表に示す額に満たないときにその差額を一時金として遺族に支給されるものです。

障害等級	障害補償年金差額一時金	障害特別年金差額一時金
第1級	給付基礎日額の1,340日分	算定基礎日額の1,340日分
第2級	給付基礎日額の1,190日分	算定基礎日額の1,190日分
第3級	給付基礎日額の1,050日分	算定基礎日額の1,050日分
第4級	給付基礎日額の　920日分	算定基礎日額の　920日分
第5級	給付基礎日額の　790日分	算定基礎日額の　790日分
第6級	給付基礎日額の　670日分	算定基礎日額の　670日分
第7級	給付基礎日額の　560日分	算定基礎日額の　560日分

障害補償年金差額一時金を受けることができる遺族の範囲については、以下のとおりです。なお、支給を受けることができる遺族の順位①、②の順位となります。

①	労働者の死亡の当時その者と生計を同じくしていた配偶者、子、父母、孫、祖父母及び兄弟姉妹
②	①に該当しない配偶者、子、父母、孫、祖父母及び兄弟姉妹

※配偶者については、婚姻の届出をしていないが事実上の婚姻の関係にある者を含みます。

出典：厚生労働省ホームページ

手厚い遺族補償年金

労災によって死亡した人が受け取るのが**「遺族補償給付」**です。これは、労働者が業務災害により死亡した場合に遺族に支給されます（通勤災害により死亡した場合は「遺族給付」）。

なお、船舶・航空機に乗っていた労働者が沈没・墜落などの事故により行方不明となり、その生死が３か月間わからない場合には、労災保険法上、行方不明になった日に死亡したものと推定されます。

遺族補償給付は、原則として**「遺族補償年金」**の支給となりますが、遺族が死亡労働者に生計維持されていなかった場合のように、年金を受ける資格のない遺族に**「遺族補償一時金」**の支給となります。遺族補償一時金の金額は、給付基礎日額、算定基礎日額のそれぞれ1000日分と、特別支給金300万円を合計した額です。

なお、遺族補償年金については受給資格者となるのは、労働者の死亡の当時その方の収入によって生計を維持していた配偶者、子、父母、孫、祖父母、兄弟姉妹ですが、妻以外の遺族については、被災労働者の死亡当時に一定の高齢または年少であるか、あるいは一定の障害の状態にあることが必要です。

また、「被災労働者の死亡の当時、労働者の収入によって生計を維持していた」とは、もっぱらまたは主として被災労働者の収入によって生計を維持していた場合だけでなく、被災労働者の収入によって生計の一部を維持していた、いわゆる「共稼ぎ」の場合もこれに含まれます。

受給権者となる順位は196ページの図㉙の通りです。

受給資格者となる遺族のうち、配偶者については事実上婚姻関係と同様の事情にある内縁関係も含まれ、また、被災労働者の死亡の当時に胎児であった子は生まれたときから受

図㉙　遺族補償年金の受給資格者

遺族補償年金の受給権者となる順位は次のとおりです。

❶ 妻または60歳以上か一定障害の夫
❷ 18歳に達する日以後の最初の3月31日までの間にあるか一定障害の子
❸ 60歳以上か一定障害の父母
❹ 18歳に達する日以後の最初の3月31日までの間にあるか一定障害の孫
❺ 60歳以上か一定障害の祖父母
❻ 18歳に達する日以後の最初の3月31日までの間にあるか60歳以上または一定障害の兄弟姉妹
❼ 55歳以上60歳未満の夫
❽ 55歳以上60歳未満の父母
❾ 55歳以上60歳未満の祖父母
❿ 55歳以上60歳未満の兄弟姉妹

遺族補償年金の額

遺族数	遺族（補償）年金	遺族特別支給金（一時金）	遺族特別年金
1人	給付基礎日額の153日分（ただし、その遺族が55歳以上の妻または一定の障害状態にある妻の場合は給付基礎日額の175日分）	300万円	算定基礎日額の153日分（ただし、その遺族が55歳以上の妻または一定の障害状態にある妻の場合は算定基礎日額の175日分）
2人	給付基礎日額の201日分		算定基礎日額の201日分
3人	給付基礎日額の223日分		算定基礎日額の223日分
4人以上	給付基礎日額の245日分		算定基礎日額の245日分

船員については、労災保険給付に加え、船員保険から給付される場合もあります。

出典：厚生労働省・都道府県労働局・労働基準監督署
「労災保険 遺族（補償）給付葬祭料（葬祭給付）の請求手続」より

給資格者となります。

遺族補償年金は、受給資格者の全員がそれぞれ受けられるわけではなく、そのうち最先順位者だけが受けることになります。つまり、最先順位者が受給権者となるわけです。

最先順位者が二人以上あるときは、その全員がそれぞれ受給権者となります。

なお、遺族補償年金の受給権者に関して、補足として次の点を加えておきます。

- 一定の障害とは、障害等級第5級以上の身体障害をいいます。
- 最先順位者が死亡や再婚などで受給権を失うと、その次の順位の方が受給権者となります（これを「転給」といいます）。
- 図㉙の❼～❿の55歳以上60歳未満の夫・父母・祖父母・兄弟姉妹は、受給権者となっても、60歳になるまでは年金の支給は停止されます（これを「若年停止」といいます）。

ここで約年収600万円強の方を例に、シミュレーションをしてみましょう。

・遺族の数　妻と子ども二人
・遺族補償年金　給付基礎日額223日分

・遺族特別年金　算定基礎日額２２３日分

・遺族特別支給金　３００万円

仮に労災に遭った日の前3か月間の給料が月額45万円、年2回ボーナス分の算定基礎年額が合計で80万円としておきましょう。

●基礎給付日額＝月額45万円×3か月÷91日＝1万４８３５円

●遺族補償年金＝1万４８３５円×２２３日分＝３３０万８２０５円

遺族基礎年金と遺族厚生年金（後述します）も支給されるので2割減額されます。ということは、３３０万８２０５円×０・８＝２６４万６５６４円となります。

●算定基礎日額＝80万円÷３６５日＝２１９２円

●遺族特別年金＝２１９２円×２２３日＝48万８８１６円

●遺族補償年金＋遺族特別年金＝３１３万５３８０円

もちろん、遺族年金ですから税金はかかりません。また、後述する遺族厚生年金との併給もできます。

雇用保険

基本手当は日額7810円がマックス

安倍政権では、アベノミクスのおかげで賃金が上がったなどと盛んに喧伝していますが、現実としてはそんな実感はないと思われる方の方が多いのではないでしょうか。大企業でさえも希望退職を募ったりするのは当たり前だし、地方の中小企業などでは、倒産・廃業に追い込まれるといったケースも珍しくはありません。

そんな職を失った方の味方になるのが、雇用保険です。

雇用保険加入者は、失業した後の一定期間、それまでの給与額に応じた**「基本手当」**を受給することができるのです。

ただし、雇用保険加入者のすべてが基本手当を受け取れるわけではありません。いくつか条件があります。

・雇用保険の被保険者期間が退職前の1年間に6か月以上（自己都合の場合は2年間に12か月以上）あること。

・働く意思と能力があること。

つまり、病気やケガなどのためにすぐには働くことのできない人や、妊娠・出産・育児のためにすぐには働けない人等は、基本手当を受け取ることはできませんが、病気が治った後や、出産後にもらえるように延長の手続きをすることができます（延長期間は最長3年）。

さて、基本手当の金額は、退職前までもらっていた給与の金額と受給者の年齢によって変わってきます。

基本手当の1日あたりの金額は基本手当日額と呼ばれます。原則退職前の6か月間の賃金合計（残業手当、通勤交通費など含む。ボーナスは含まれない）を180日で割って算出された賃金日額にそれぞれ、一定の割合を掛けて決められます。

201ページの図㉚を見てください。60歳未満の人と60～64歳の人とでは計算式が違います。60歳未満の人の場合、賃金日額の50～80％であるのに対して、60～64歳の人の場合は、45～80％となっています。

図㉚　基本手当の計算式

60歳未満の場合

$$\text{基本手当日額} = \frac{\text{離職日直前までの6か月の賃金}}{180} \times 50\sim80\%$$

60〜64歳の場合

$$\text{基本手当日額} = \frac{\text{離職日直前までの6か月の賃金}}{180} \times 45\sim80\%$$

また、たとえば月額１００万円を超していたリッチなサラリーマンであった人であっても、支給限度額は決まっています。２０３ページの図㉜を参照してみてください。もっとも支給額が高い45〜59歳の人でも基本手当日額は７８１０円です。これに30日分を掛けた23万４３００円がマックスの受給額です。ただし、基本手当は税金がかかりません。所得税も住民税もタダです。

また、注意しなければならないのは自己都合で会社を辞めるのと、会社都合で辞めるのでは給付日数で大きな差がつきます。また給付を受けとれるまでの期間

図㉛　基本手当の所定給付日数

一般受給資格者（自己都合、定年退職者など）

被保険者期間	1年以上5年未満	5年以上10年未満	10年以上20年未満	20年以上
全年齢	90日	90日	120日	150日

特定受給資格者（会社都合による解雇、倒産など）

退職時の年齢	雇用保険の加入期間				
	1年未満	1年以上5年未満	5年以上10年未満	10年以上20年未満	20年以上
30歳未満	90日	90日	120日	180日	―
30歳以上35歳未満	90日	90日	180日	210日	240日
35歳以上45歳未満	90日	90日	180日	240日	270日
45歳以上60歳未満	90日	180日	240日	270日	330日
60歳以上	90日	150日	180日	210日	240日

出典：厚生労働省ホームページ

にも違いがあります。定年退職や会社都合の場合は申請してから7日後にもらえ、自己都合退社の場合はさらにその3か月後にもらうことになるのです。

業績不振の会社がよく希望退職を募りますが、離職票のところに「事業主からの働きかけによるもの」か「労働者の判断によるもの」のどちらかに丸印をつけるはずです。業績不振による希望退職募集ですから、絶対に会社都合として取り扱われないと損します。

また、退職勧奨というものも盛んに行われますが、「勧奨」というのはあくまで会社側のお願いなので、嫌なら断

図㉜　基本手当日額の計算方法
（平成27年8月～平成28年7月末まで）

賃金日額（w円）	給付率	基本手当日額（y円）
●離職時の年齢が29歳以下（※1）		
2,300円以上4,600円未満	80%	1,840円～3,679円
4,600円以上11,660円以下	80%～50%	3,680円～5,830円
11,660円超12,790円以下	50%	5,830円～6,395円
12,790円（上限額）超	―	6,395円（上限額）
●離職時の年齢が30～44歳		
2,300円以上4,600円未満	80%	1,840円～3,679円
4,600円以上11,660円以下	80%～50%	3,680円～5,830円
11,660円超14,210円以下	50%	5,830円～7,105円
14,210円（上限額）超	―	7,105円（上限額）
●離職時の年齢が45～59歳		
2,300円以上4,600円未満	80%	1,840円～3,679円
4,600円以上11,660円以下	80%～50%	3,680円～5,830円
11,660円超15,620円以下	50%	5,830円～7,810円
15,620円（上限額）超	―	7,810円（上限額）
●離職時の年齢が60～64歳		
2,300円以上4,600円未満	80%	1,840円～3,679円
4,600円以上10,500円以下	80%～45%	3,680円～4,725円
10,500円超14,920円以下	45%	4,725円～6,714円
14,920円（上限額）超	―	6,714円（上限額）

※1 離職時の年齢が65歳以上の方が高年齢求職者給付金を受給する場合も、この表を適用します。

出典：厚生労働省ホームページ

ることができます。

間違っても「退職願」に「一身上の都合で〜」などと定型パターンの辞表を書いたりすると、自己都合と捉えられかねませんので、「退職届」には「業績不振による希望退職募集に応じ〜」と退職を余儀なくされたという形の辞表にしなければなりません。

２０２ページの図㉛を見てもらえばわかるように、45歳以上60歳未満で20年以上働いた方が辞める場合、自己都合だと待機期間３か月の上に受給期間はたった5か月、一方、会社都合の場合だと待機期間は７日間、受給期間も11か月と大違いです。もし、前述したような高収入者の場合だと自己都合退社だと23万４３００円×５か月＝１１７万１５００円に対して、会社都合だと23万４３００円×11か月＝２５７万７３００円となります。その差は１４０万円以上にもなります。

失業しなくてももらえる育児・介護休業給付金

雇用保険には、失業しなくてももらえるものがあります。それが「**育児休業給付金**」と「**介護休業給付金**」というものです。

まずは育児休業給付金から説明したいと思います。これは育児のために会社を休んで、その間、給与が支払われないときに受給できるというものです。そこで本人が加入している雇用保険から、生活を支援するというのがこの給付金の趣旨です。育休前の2年間のうちに1か月に11日以上働いた月が12か月以上ある人が対象です。また、条件さえ整っていれば、正社員に限らず、契約社員やパートなどの雇用形態でも給付を受けることができます。

給付金は、赤ちゃんが1歳になる日の前々日まで受給できます。また、父母は関係ありません。また、夫婦それぞれで育児休業を取得した場合はふたりで受給することも可能です。さらに保育園の入所待ちや病気など、特別の事情がある場合は最大で、1歳6か月となる日の前日まで延長でき、育児休業給付金もその前日まで受給できるのです。

金額は「休業開始時賃金日額」（育児休業開始前6か月間の賃金を180で割った額）×支給日数×67%（最初の180日間。以降は50%）です。1か月の限度額は、休業開始時賃金日額×30日＝42万6300円が上限で、具体的には28万5621円（50%の場合は21万3150円＝平成27年8月1日～）ということになります。賃金月額が6万9000円を下回るときは6

万9000円となります。また育休中に給与が出る場合、給付金は育休中に支払われる給与と給付金の合計額が、育休前の月給の80%を超えないように調整されます。これまでは支給単位期間（育児休業を開始した日から起算した1か月ごとの期間をいいます）中に11日以上就業した場合は、給付金は支給されませんでした。しかし、現在では支給単位期間中に11日以上就業をした場合でも、就業した時間が80時間以下のときは育児休業給付金が支給されるようになりました。

次に「介護休業給付金」について説明します。

育児介護休業法の介護休業とは、家族の介護で一定期間仕事を休む場合に、家族一人の介護につき最大で93日まで給付金を支給するというものです。介護休業を取得できるのは、条件さえ整えば、正社員に限らず、契約社員やパートなどの雇用形態でもかまいません。介護休業給付金の対象となるのは、自分の両親、配偶者（内縁関係も可）、子ども、配偶者の父母、一定の条件を備えた祖父母、兄弟姉妹、孫なども対象になります。

給付金は、家族を介護するために休業し、介護休業開始前の2年間に賃金支払基礎日数が11日以上ある月が12か月ある場合に支払われます。

金額は「休業開始時賃金日額」（介護休業開始前6か月間の賃金を180で割った額）×支給日数×40％（平成28年8月から67％となる予定）で上限額は17万520円です（平成27年8月1日〜）。

公共職業訓練の手当をフル活用せよ

離職者の場合は、基本手当を受給しながら、再就職やスキルアップのために資格や技術を身につけたいときに、その費用を支援してくれるのが**「教育訓練給付金」**というものです。

もっとも対象者は離職者だけでなく、現在働いている雇用保険の一般被保険者でも可能なのが特徴です。受講開始日が離職日の翌日から1年以内で、同一事業所での雇用期間が3年以上（初めて支給を受けようとする場合は1年以上）、過去に教育訓練給付金を受けたことがある場合は、前回から3年以上が経過していることが条件となります。

支給される金額は、受講者が払った入学金や受講費の2割に相当する額で最大で10万円です。ただし、受講するのは厚生労働大臣が指定する教育訓練講座に限られます。もっともハローワークに行けば、指定講座の多さに驚くはずです。教育訓練給付金の場合、民間の教育訓練講座なども多くあります。ただ基本手当をもらっている求職者では、一般的には公共職業訓練の方が知られています。そして、求職者が公共職業訓練を受講するともらえるものが**「技能習得手当」**と呼ばれるものです。

技能習得手当には**「受講手当」**と**「通所手当」**というものがあります。受講手当は日額500円で最大で40日分、2万円が支給されます。通所手当はいわゆる交通費のことで、自宅から公共職業訓練施設まで片道2㎞以上という条件がつきますが、公共交通機関を利用した場合は最大で月額4万2500円が支払われます。これは1か月定期の額なので、長く職業訓練を受ける人は3か月定期、6か月定期を買うと手取りはさらに増えます。車を利用した場合(片道10㎞以上)は月額5850円です。もっとも公共職業訓練施設の中には、自動車通学を禁止しているところもあるので注意が必要です。

基本手当、技能習得手当と併給できるのが**「寄宿手当」**というものがあります。

これは公共職業を受けるため、家族と別居して暮らす場合に支払われる住宅手当みたいなものです。月額最大で1万700円が支給されます。これは家族持ち限定の特典で独身者には支払われません。さて、それでは基本手当を受けた上で、受講手当と通所手当を受けた場合、月額で1万円（受講手当500円×20日）＋4万2500円（最大で）＝5万2500円も多くもらえるのですから、公共職業訓練を受けた方がお得だといえそうです。

再就職手当と定着手当を忘れるな

前述したように、45歳以上60歳未満で20年以上勤務していた人が会社都合で退職した場合、最大で330日分（11か月）基本手当はもらえます。そういうとき、往々にしているのが、「330日ギリギリまで手当をもらって、ゆっくりしてから就職活動をしよう」という人たちです。でも、これって実は大損なのです。

なぜならば、**「再就職手当」**のおいしい仕組みを理解していないからです。

再就職手当というのは、再就職できた人がもらえる祝い金のようなものです。ハローワークでの待機期間7日間後の就職であること、再就職先で1年以上働くことが確実なこと、就業日の前日までの基本手当の支給残日数が3分の1以上あること、過去3年以内に再就職手当をもらっていないこと……など様々な条件はありますが、とにかくおいしい仕組みです。

再就職手当の支給額ですが、基本手当支給残日数が3分の2以上の場合は、

（1）基本手当日額×支給残日数×60％

基本手当支給残日数が3分の1以上の場合は、

（2）基本手当日額×支給残日数×50％

となるのです。ということは離職してギリギリまで基本手当をもらうよりも早期に再就職した方がもらえる額が断然多くなるということです。平成27年8月1日より、基本手当の上限は、60歳未満は7810円、60歳以上65歳未満は6714円となっています（平成28年7月31日まで）。さらに**「就業促進定着手当」**という制度もあります。これは再就職手当の支給を受けた人で、再就職先に6か月以上雇用され、再就職先での6か月間の給料が、離職前の賃金より低い場合に基本手当の支給残数の40％を上限として、低下した賃金の6か月分が支給されるというものです。

では、仮に基本手当の上限額に達する給与をもらっていた45歳の方（年収600万円ほど）が会社都合で辞めた場合のシミュレーションしてみたいと思います。202ページの図㉛、203ページの図㉜を参照してください。基本手当日額7810円を330日もらったと

しましょう。7810円×330日＝257万7300円です。

これをもし、基本手当を1か月だけもらって、ちょっと給料は安くなるものの月額25万円の給与をくれる会社に再就職した場合、どうなるでしょう。先の（1）に当てはまります。

・基本手当＝基本手当日額7810円×基本手当給付30日＝23万4300円
・再就職手当＝基本手当日額5840円（上限）×300日×60％＝105万1200円
・就業促進定着手当＝基本手当日額5840円（上限）×300日×40％＝70万800円
・再就職先でもらった給与25万円×10か月分＝250万円（税金、社会保険料は考慮していません）

合計で448万6300円となります。丸々、11か月間、基本手当をもらうよりも190万9000円も多く手にすることができるのです。このおいしい再就職手当と就業促進定着手当を利用しない手はないと思います。

定年後の再雇用で給料が激減しても最大15％が補塡

平均寿命が男女ともに80歳を超え、加えて公的年金の不安もあり、定年後も働くことを希望する方が圧倒的に増えてきました。そうした声に応える形で、平成25年に高年齢者雇用安定法が改正されました。この改正により60歳以降も希望すれば、原則希望者全員そのまま同じ会社で継続して働くことができるようになりました。

ただ、企業側も人件費高騰を恐れて定年延長するのはごく一部で、60歳の定年後に再雇用という形態が圧倒的多数です。そうなった場合、60歳の定年後と比べて、著しく給与がダウンするのが現実です。

「高年齢雇用継続基本給付金」を受給できるのは、次のような要件を満たした人です。

・60歳以上65歳未満で雇用保険の被保険者であること
・被保険者であった期間が5年以上あること
・60歳時点の賃金に比べて75％未満の賃金であること
・支給対象月の給与が34万1015円以下であること

図㉝　高年齢雇用継続給付の給付金早見表

低下率	支給率	低下率	支給率	低下率	支給率
75.00%以上	0.00%	70.00%	4.67%	65.00%	10.05%
74.50%	0.44%	69.50%	5.17%	64.50%	10.64%
74.00%	0.88%	69.00%	5.68%	64.00%	11.23%
73.50%	1.33%	68.50%	6.20%	63.50%	11.84%
73.00%	1.79%	68.00%	6.73%	63.00%	12.45%
72.50%	2.25%	67.50%	7.26%	62.50%	13.07%
72.00%	2.72%	67.00%	7.80%	62.00%	13.70%
71.50%	3.20%	66.50%	8.35%	61.50%	14.35%
71.00%	3.68%	66.00%	8.91%	61.00%以下	15.00%
70.50%	4.17%	65.50%	9.48%		

（注）1　60歳到達時の賃金月額は、算定した額が447,600円を超える場合は、447,600円となります。また、算定した額が69,000円を下回る場合は、69,000円となります。

（注）2　高年齢雇用継続給付の支給限度額は、341,015円ですので、支給対象月に支払われた賃金の額に上記により算定した「支給額」を加えた額が341,015円を超える場合は、341,015円から支給対象月に支払われた賃金の額を減じた額が支給額となります。

（注）3　また、上記により算定した「支給額」が、1,840円を超えない場合は、高年齢雇用継続給付は支給されません。

（注）4　なお、（注）1から（注）3までの金額は、平成28年7月31日までの額です。「毎月勤労統計」の平均定期給与額により毎年8月1日に改訂されます。

出典：厚生労働省ホームページ

・月の初日から末日まで介護休業給付・育児休業給付の支給対象になっていないこと

などです。

60歳到達時点に比べて支給対象月の賃金が75％未満に低下した状態で働き続ける60歳以上65歳未満の一般被保険者の方に支給される給付で、上記の条件をクリアすれば、低下した部分に合わせて給付金が支給されるという仕組みです。

たとえば、退職時の賃金月額が30万円であったとしましょう。

再雇用で支給対象月に支払われた賃金が26万円のときで考えると、賃金が退職時の75％未満に低下していないので支給されません。ところが、支給対象月に支払われた賃金が18万円だとすると低下率は60％です。この場合、次のような計算式になります。

支給額18万円×15％＝2万7000円

この2万7000円が、高年齢雇用継続基本給付金として18万円の給与に加算されることになります。その他、低下率と支給率については213ページの図㉝を参考にして計算してみてください。

なお、この制度ですが、支給限度額の場合とは逆に算定された支給額が一定額1840円以下のときは、給付金は支給されません。

高年齢で再就職したら給付金がもらえる

働き方も多様化しています。定年退職後、まったく違うことにチャレンジしてみたいという人も多いと思います。そういう場合、いったん退職後に再就職活動をすることになるわけですが、その間、基本手当を受給しながら就職活動をして再就職を決めた場合にもらえる給付金があります。これを**「高年齢再就職給付金」**といいます。もらえる要件は、高

齢年雇用継続給付金と同じでさらに、
・再就職した日の前日における基本手当の支給残日数が100日以上あること
・再就職手当をもらっていないこと
が、条件です。

支給額の計算方法は、前項の高年齢雇用継続基本給付金と同じです。再就職後の賃金が60歳時点の賃金の61％以下に減った場合はその月の賃金の15％が受給できます。61％から75％未満の場合は、213ページの図㉝のように低下した賃金率に応じた額になります。

支給される期間は、再就職した日の前日における基本手当の支給残日数が200日以上のときは、再就職日の翌日から2年経過した月まで、100日以上200日未満のときは同様に1年となります。ただし、被保険者が65歳に達した場合は、その期間にかかわらず、65歳に達した月までとなります。ちなみに1か月でも基本手当をもらってしまうと、給付金は最大5年ではなく、最大2年分しかもらえないので注意が必要です。

厚生年金保険

やってはいけない繰り上げ受給

人間誰しも年をとれば、若いころのようには働けなくなり、収入を得ることが難しくなっていきます。さらに日本国民の長寿化に加え、少子化などで子どもからの仕送りなどに頼って老後生活を送ることは困難です。こうした中、子どもの有無や経済状況など関係なしに安心して暮らせるように設計されたのが公的年金制度です。公的年金は、高齢者所得の約7割を占めるまでになっています。

サラリーマンの年金が「2階建て」になっているという話は有名ですが、まずはおさらいとしてこの部分について話を進めていきたいと思います。「1階」はいわゆる**「老齢基礎年金」**（国民年金と同義）というもので、公的年金のベースとなるもので、日本国内に住所を有する20歳以上、60歳未満の人に加入が義務づけられています。自営業者やフリーターなどを「第1号被保険者」、会社員などを「第2号被保険者」、第2号被保険者の被扶養配偶者（専業主婦）を「第3号被保険者」と呼んで分けています。このうち、第3号被保険者の保険料については厚生年金など被用者年金制度から拠出されるため、直接支払う必要はありません。

この基礎年金は65歳から支払われますが、65歳までの加入期間に応じた額が受け取れます。そして、原則25年以上（300か月）以上納めていないと1円ももらえません（平成29年4月からは10年間＝120か月に短縮されます）。平成27年度の価額は、満額で78万100円となります。自分がいくらもらえるか、簡単な計算式をお伝えしておきます。

●78万100円×保険料納付期間（月換算）÷480月（40年間）

たとえば、22歳で大学を卒業して60歳で定年退職したとしましょう。加入期間は12か月×38年＝456か月ですから、78万100円×456÷480＝74万1095円です（実際に支給される金額は四捨五入されるので誤差が生じます）。さて、前述したように老齢基礎年金は受給資格期間を満たせば、原則として65歳から受給できます。65歳に達した日の属する月に、年金を受給するための裁定請求をしなければなりません。裁定とは、年金受給権が

図㉞　繰り上げ受給の減額率と、繰り下げ受給の増額率

請求時の年齢	減額率
60歳	30%
61歳	24%
62歳	18%
63歳	12%
64歳	6%

請求時の年齢	増額率
66歳	8.4%
67歳	16.8%
68歳	25.2%
69歳	33.6%
70歳	42.0%

あるかどうかの確認をすることをいいます。気をつけなければいけないのは、自らこの裁定請求をしないと年金はもらえないということです。これを忘れないでください。現在は年金事務所から請求書が届きます。これを提出し、手続きします。

ところで、老齢基礎年金、老齢厚生年金（後述）の受給に関しては、本人の希望によって60歳から64歳の間で受給する繰り上げ受給と、66歳から70歳までに受給を延ばす繰り下げ受給というものがあります。ただし、２１８ページの図㉞を見てもらうとわかるように、繰り上げをすると減額され、繰り下げをすると増額されます。ある試算によると、60歳で繰り上げ受給をした場合、76歳までに亡くなった場合は繰り上げ受給が得をし、70歳まで繰り下げた場合は82歳以上長生きすれば繰り下げ受給が得をするといった意見もあるようですが、繰り上げ受給には、それ以上に様々なデメリットがあります。

・65歳前に障害状態や寡婦（未亡人）になり、障害基礎年金（後述）や寡婦年金の受給資格が発生しても受給できない。

・いったん繰り上げ受給が開始されると、減額割合は一生涯変わらず、また以後の取り消しはできない。

・65歳までの間に遺族厚生年金（後述）の受給権が発生しても、65歳までは繰り上げ受給年金（老齢基礎年金）か遺族厚生年金のどちらか1つしか受給できない。

「年金制度は崩壊するから、繰り上げ受給するべきだ」などという論調もありますが、誰にでもお勧めできる方法とはいえません。

年下妻をもらったら得!?

さて、前項で「1階部分」にあたる老齢基礎年金について説明しました。次に老齢基礎年金に上乗せされて支給される**「老齢厚生年金」**について説明しましょう。いわゆる「2階部分」です。この老齢厚生年金も、老齢基礎年金の受給資格期間（25年以上）を満たし、厚生年金に1か月以上加入していると原則65歳から受給できます。また、老齢基礎年金の受給資格期間を満たす60歳以上の人で、厚生年金保険の被保険受給期間が1年以上ある人は、生年月日に応じて一定の年齢になると、221ページの図㉟のように生年月日に応じて、65歳前から特別支給の老齢厚生年金（一般的に**報酬比例部分**と呼びます）が受給できる人もいます。

老齢厚生年金の受給額の計算式などは割愛しますが、名前のように報酬に応じて違うので、同じ会社にいても給料が違うと受給額が違ってきます。

この老齢厚生年金において、得するために覚えておいた方がいいのが**「加給年金」**についてです。加給年金の支給要件は厚生年金に原則20年以上加入することです。この制度は、

図㉟　特別支給の老齢厚生年金の定額部分および報酬比例部分の支給開始年齢の引上げ

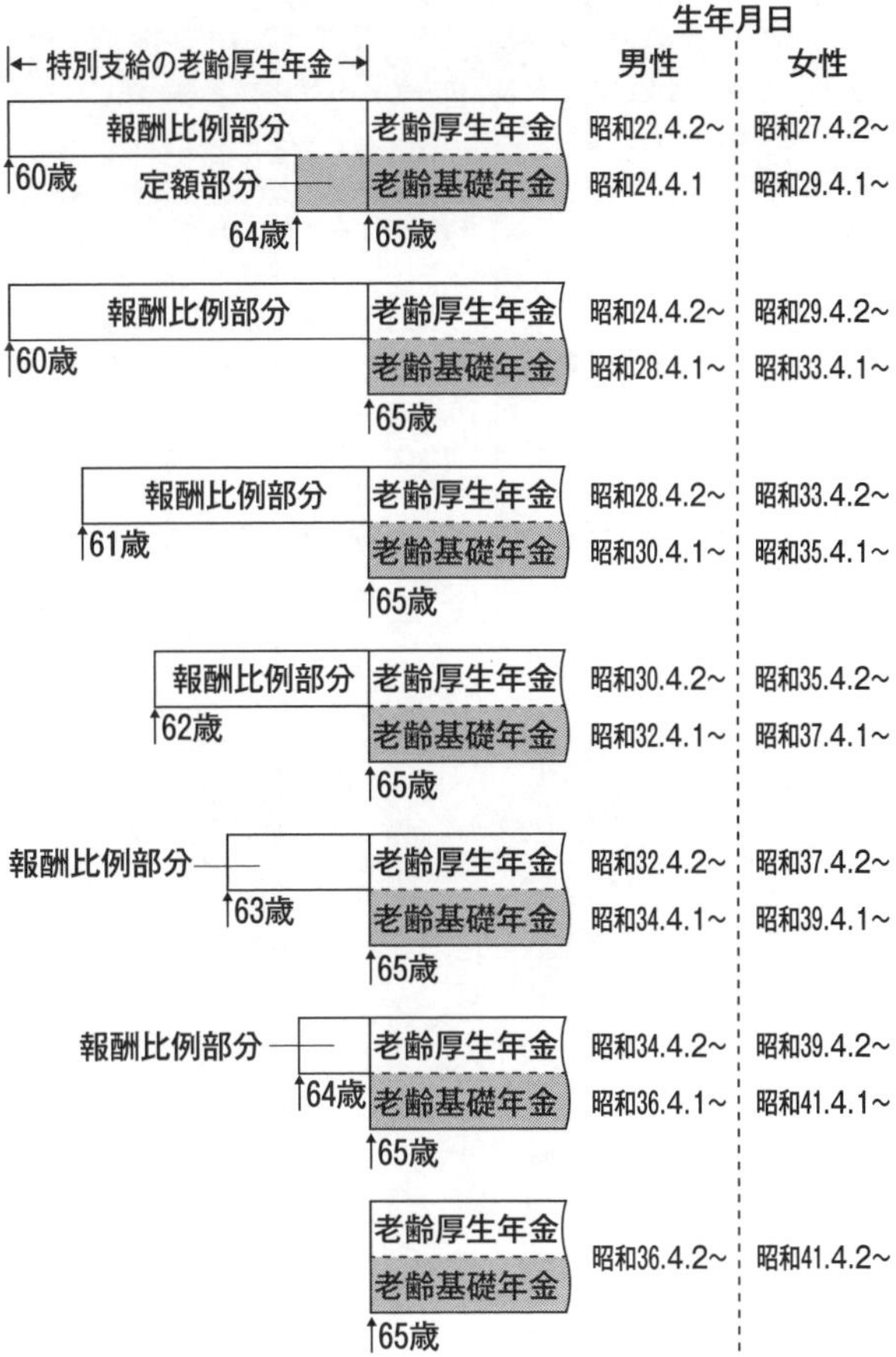

出典：日本年金機構ホームページ

図㊱　加給年金

厚生年金保険の被保険者期間が20年以上ある方または中高齢の資格期間の短縮の特例を受ける方が、原則65歳に達した時点で、その方に生計を維持されている下記の対象者がいる場合に支給されます。

対象者	加給年金額	年齢制限
配偶者	224,500円	65歳未満であること （大正15年4月1日以前に生まれた配偶者には年齢制限はありません）
1人目・2人目の子	各224,500円	18歳到達年度の末日までの間の子または1級・2級の障害の状態にある20歳未満の子
3人目以降の子	各74,800円	18歳到達年度の末日までの間の子または1級・2級の障害の状態にある20歳未満の子

出典：日本年金機構ホームページ

簡単にいえば家族手当みたいなもので、本人（夫）が老齢基礎年金と老齢厚生年金が支給される場合、65歳未満の配偶者、または18歳の年度末までの子ども（養子でもＯＫ）がいるときは、一人につき年22万４５００円（子どもは第二子まで。第三子以降は７万４８００円）が支給されるのです。さらに妻については、「特別加算」として年齢に応じた特別加算額が支給されるのです（図㊱㊲参照）。

これは妻が65歳になるまで支給され、夫が昭和18年４月２日以降の生まれだと、16万５６００円が加算され、合計で約39万円もの「奥さん手当」がもらえるので

図㊲　配偶者加給年金額の特別加算額（平成27年度価額）

受給権者の生年月日	特別加算額	加給年金額の合計額
昭和 9 年4月2日～昭和15年4月1日	33,200円	257,700円
昭和15年4月2日～昭和16年4月1日	66,200円	290,700円
昭和16年4月2日～昭和17年4月1日	99,400円	323,900円
昭和17年4月2日～昭和18年4月1日	132,500円	357,000円
昭和18年4月2日以後	165,600円	390,100円

※【注意】
配偶者が老齢厚生年金（被保険者期間が20年以上または40歳〈女性の場合は35歳〉以降15年以上の場合に限る）、または障害年金を受けられる間は、配偶者加給年金額は支給停止されます。

出典：日本年金機構ホームページ

す。ということは、年の離れた若い奥さんをもらえばそれだけ受給金額が増えるということを意味します。

10歳若い奥さんをもらっているとしたら……すごい金額になりますよね。

さて、ここからが重要です。加給年金については受給開始時点がポイントになります。もちろん、65歳時点で妻と離婚していたら加給年金はもらえません。そして、65歳を過ぎて再婚した場合ももらえません。その逆に64歳の時点で再婚すれば、加給年金はもらえるのです。だから、熟年再婚を考えている方は、64歳までに、ということを覚えておいてください。

さらに加給年金というのは、とてもお得にできていて、奥さんの年収が８５０万円未満ならば受給できるのです。ただ、誰しももらえるというわけではありません。妻の厚生年金加入期間が20年以上ある場合、加給年金はもらえません。なぜかというと、夫婦ともに厚生年金に入っているのなら二人合わせて相当な額の年金が受給できるからと判断されてしまうからです。だから、65歳になろうとしている時点で妻が19年11か月の厚生年金に入っていた場合、あと1か月勤めたら加給年金はもらえなくなるというわけです。

また、子どもの加給年金については18歳到達年度の末日まで、という規定がありますが、たとえば17歳になる娘さんが結婚した場合はやはり加給年金は受給できなくなります。結婚したら、家族手当がなくなるのと同じです。

さて、それでは、妻が65歳になり自分の老齢基礎年金を受給するとどうなるでしょう。前述したように加給年金は受給できなくなくなります。つまり上乗せされていた39万円１００円はなくなってしまいます。そして、夫の上乗せ分は「**振替加算**」と名を変えて、妻の年金に加算されます。これは妻が亡くなるまで加算され続けます。しかし、２２６ページの図㊳を見ていただくとわかるように妻の生年月日が若くなるほど振替加算の額は減っていきます。

これは昭和61年4月以降に3号（専業主婦）の制度ができ、それ以前と以後の差をなくす目的で振替加算があるからです。

現在の若い世代には、もしかしたら損な制度となっているかもしれません。

そして、加給年金と同様に振替加算も厚生年金への加入歴が20年以上あると、受給資格はなくなります。このことも是非覚えておいてほしいものです。

稼ぎすぎると年金カット

前述したように、平成25年に高年齢者雇用安定法が改正されて、会社は定年退職者が希望すれば原則全員65歳になるまで雇用することが義務づけられました。年金の報酬比例部分だけでは苦しい、貯金を取り崩したくない、と考えて働き続ける方も多いと思います。

その際に気をつけなくてはいけないのが**「在職老齢年金」**です。

在職老齢年金とは、60歳以上になった人が年金をもらいつつ、なおも厚生年金に加入し

図㊳　配偶者の振替加算の額（年額・円）

昭和25年4月2日～昭和26年4月1日	80,800
昭和26年4月2日～昭和27年4月1日	74,800
昭和27年4月2日～昭和28年4月1日	68,900
昭和28年4月2日～昭和29年4月1日	62,900
昭和29年4月2日～昭和30年4月1日	56,800
昭和30年4月2日～昭和31年4月1日	51,000
昭和31年4月2日～昭和32年4月1日	44,900
昭和32年4月2日～昭和33年4月1日	38,800
昭和33年4月2日～昭和34年4月1日	33,000
昭和34年4月2日～昭和35年4月1日	26,900
昭和35年4月2日～昭和36年4月1日	20,900
昭和36年4月2日～昭和37年4月1日	15,000
昭和37年4月2日～昭和38年4月1日	15,000
昭和38年4月2日～昭和39年4月1日	15,000
昭和39年4月2日～昭和40年4月1日	15,000
昭和40年4月2日～昭和41年4月1日	15,000
昭和41年4月2日以降	ー

出典：日本年金機構ホームページ

て働くことです。ところが老齢厚生年金をもらいながら働き続ける場合、給与が一定水準を超えると年金が減額、支給停止になることがあるのです。この制度は60歳以降一律ではなく、

（1）60歳以上〜65歳未満
（2）65歳以上〜70歳未満
（3）70歳以上〜

と、3つに分けられて仕組みが違います。

まずは（1）から見ていきましょう。

60代前半の在職老齢年金は、特別支給の老齢厚生年金額（加給年金額を除きます）を12分の1にした基本月額と、月額給与に直近1年間のボーナスを含めた1か月あたりの「総報酬月額相当額」との合計額が28万円を超えると、年金額の調整が行われます。簡単にいえば、年金額と給与を足した額が28万円を超えたら年金がカットされるということです。カットされるのは原則として28万円を超えた金額の2分の1です。

たとえば、その額が30万円だったとすると、30万円－28万円＝2万円÷2＝1万円がカ

図㊴　60歳から64歳までの在職老齢年金の仕組み

基本月額と総報酬月額相当額	計算方法（在職老齢年金制度による調整後の年金支給月額＝）
基本月額が総報酬月額相当額の合計額が28万円以下の場合	全額支給
総報酬月額相当額が47万円以下で基本月額が28万円以下の場合	基本月額－（総報酬月額相当額＋基本月額－28万円）÷2
総報酬月額相当額が47万円以下で基本月額が28万円超の場合	基本月額－総報酬月額相当額÷2
総報酬月額相当額が47万円超で基本月額が28万円以下の場合	基本月額－{(47万円＋基本月額－28万円)÷2＋(総報酬月額相当額－47万円)}
総報酬月額相当額が47万円超で基本月額が28万円超の場合	基本月額－{47万円÷2＋(総報酬月額相当額－47万円)}

出典：日本年金機構ホームページ

ットされるというわけです。40万円だったら12万円の半分の6万円が年金から引かれるというわけです。47万円を超えるとさらに減額される仕組みです。そう考えると、定年後も現役同様にバリバリ働けば働くほど年金額が引かれるのだから、なんだかもったいない話ですね。再雇用で、給与が20万円前後に設定されている会社が多いのも、この在職老齢年金を意識したものであるといえるでしょう。60代前半の人は、先に紹介した「高年齢雇用継続給付」もあるので、どの金額で働くのかもっとも得なのか、考えるべきでしょう。

図㊵　公的年金の控除

年齢	年間の年金額	控除額
65歳未満	70万円以下	全額
	70万円超～130万円未満	70万円
	130万円以上～410万円未満	年金額×25%+37万5千円
	410万円以上～770万円未満	年金額×15%+78万5千円
	770万円以上	年金額×5%+155万5千円
65歳以上	120万円以下	全額
	120万円超～330万円未満	120万円
	330万円以上～410万円未満	年金額×25%+37万5千円
	410万円以上～770万円未満	年金額×15%+78万5千円
	770万円以上	年金額×5%+155万5千円

*65歳未満では70万円、65歳以上では120万円を超えると、確定申告が必要になります。

出典：国税庁ホームページ

次に（２）のケースについて説明します。（２）に当てはまる人は（１）より、お得です。「総報酬月額相当額＋基本月額」が47万円までは全額支給されるのです。47万円を超えた部分に関しては（１）同様に超えた分の半分が年金から引かれます。なお、老齢基礎年金額は減額されず、全額支給されます。

最後に（３）のケースですが、（２）の人同様に調整はありますが、70歳以上の人は厚生年金保険の被保険者ではないので保険料の負担がありません。手取りは確実にアップします。

なお、在職老齢年金がかからない方法

としては会社と請負契約や委託などの形で契約して個人事業主として働いたり、所定労働時間を短くするなどの方法があります。厚生年金に加入していないため在職老齢年金の対象にならず、いくら稼いでも年金減額はありません。

また、ここまでご紹介してきた年金は**「雑所得」**として年間400万円以上ある人などが確定申告して納税する必要があります。現役時代と比べると控除額は多いですが、229ページの図㊵を参照してご自身の年金額で手取りはいくらになるのか、確認してみてください。ちなみに企業年金、公的年金合わせて300万円もらっていると仮定しましょう。年金額300万円ということは、公的年金控除額は120万円。残りの180万円が課税される所得となります。これに117ページの図⑫の所得税速算表に照らし合わせると、5%ですから9万円が所得税となります。これに住民税や国民健康保険などの社会保険料が引かれるので、東京都に住んでいる人の場合、おおよそ手取額は260万円ほどになります。月額にして、21万6000円ほどとなります。

障害年金はすべて非課税

公的年金は老後のためだけに存在するのではありません。

一家の大黒柱がケガや病気で障害が残ったりした場合、本人や家族の生活を保障する制度として**「障害基礎年金」**、**「障害厚生年金」**（共済年金も「障害厚生年金」）があります。自営業者などは障害基礎年金が、サラリーマンや公務員は障害厚生年金が上乗せされて受給できます。ちなみに障害年金は、どれも非課税です。

障害年金のキモは初診日と障害認定日です。年金に加入している日に初診を受けて、障害認定をされなくてはなりません。ちなみに20歳前に障がいがある場合は、保険料納付要件は満たさなくても大丈夫です。障害基礎年金は、障害の度合いによって1級、2級に分かれています。この等級は、身体障害者手帳の等級とは必ずしも一致しません。また、最近増えているうつ病など精神疾患をお持ちの方でも同様です。

1級は常に第三者の介助を受けなければ自立が不可能な状態の人で、支給される年金額は78万100円×1・25倍＝97万5125円＋子ども二人目までそれぞれ22万4500円

図㊶　障害基礎年金

支給要件	1.国民年金に加入している間に初診日があること ※20歳前や、60歳以上65歳未満（年金に加入していない期間）で、日本国内に住んでいる間に初診日があるときも含みます。 2.一定の障害の状態にあること 3.保険料納付要件 初診日の前日において、次のいずれかの要件を満たしていることが必要です。 (1)初診日のある月の前々月までの公的年金の加入期間の2/3以上の期間について、保険料が納付または免除されていること (2)初診日において65歳未満であり、初診日のある月の前々月までの1年間に保険料の未納がないこと
年金額（平成27年4月分から）	【1級】　780,100円×1.25+子の加算 【2級】　780,100円+子の加算 子の加算 第1子・第2子　各 224,500円　　第3子以降　各 74,800円 ※子とは次のものに限る 18歳到達年度の末日（3月31日）を経過していない子 20歳未満で障害等級1級または2級の障害者

出典：日本年金機構ホームページ

が、第三子以降は各7万4800円がプラスされます。

2級は日常生活をおくるのが困難で働いて収入を得ることができない人です。

支給される年金額は78万100円で、子どもについては1級の人と同様です。

次に障害厚生年金についてですが、これも受給条件は障害基礎年金とほぼ同じですが、厚生年金被保険者期間中に初診日があるということが絶対です。

また、障害厚生年金には1級、2級以外に3級もあります。3級は仕事をするのに制限を加えることを必要とする状態の人で、後述する障害厚生年金の報酬比

図㊷　厚生年金保険（障害厚生年金）

支給要件	
支給要件	1.厚生年金に加入している間に初診日があること
	2.一定の障害の状態にあること
	3.保険料納付要件 初診日の前日において、次のいずれかの要件を満たしていることが必要です。 (1)初診日のある月の前々月までの公的年金の加入期間の2/3以上の期間について、保険料が納付または免除されていること (2)初診日において65歳未満であり、初診日のある月の前々月までの1年間に保険料の未納がないこと

年金額（平成27年4月分から）

【1級】（報酬比例の年金額）×1.25+〔配偶者の加給年金額（224,500円）〕

【2級】（報酬比例の年金額）+〔配偶者の加給年金額（224,500円）〕※

【3級】（報酬比例の年金額）　※最低保障額 585,100円

※対象者のみ

平成27年度の報酬比例の年金額

$$\left(\text{平均標準報酬月額}\times\frac{7.5}{1000}\times\text{平成15年3月までの被保険者期間の月数}+\text{平均標準報酬額}\times\frac{5.769}{1000}\times\text{平成15年4月以後の被保険者期間の月数}\right)\times 1.000\ (※)$$

※昭和13年4月2日以降に生まれた方は0.998

出典：日本年金機構ホームページ

例年金額のみですが、年間58万5100円が最低保障されています。

また3級に達しない場合でも「障害手当金」という一時金制度があり、その額は報酬比例の年金額（3級障害厚生年金）の2年分、最低保障額は平成27年価額で117万200円となっています。

障害厚生年金額は加入期間によって違いますが、加入月額が25年（300月）に満たないときは、25年として計算されます。さらに1級、2級の場合は配偶者の加給年金額（平成27年度価額で22万4500円）が加算されます。

前述した労災保険の給付を受ける場合

でも、障害等級に該当すれば、障害基礎年金と障害厚生年金も併給できます。ただ、障害の程度など要件によって、労災保険の給付が減額調整されます。もっとも、障害年金も自ら裁定請求しない限り、1円ももらえないことを覚えておいてください。

再婚すると遺族年金はもらえなくなる

遺族年金は、一家の働き手や年金受給者が亡くなったとき、残された家族の生活を守るために設けられている制度です。よって非課税です。通常の老齢基礎年金、老齢厚生年金と被るところも多いですが、おさらいを兼ねて説明していきます。

「遺族基礎年金」は、「子のある配偶者」または「子」が受け取ることができます。ただし、「子」に関しては次のような条件があります。

・死亡当時、18歳になった年度の3月31日までの間にあること。ただし、死亡した当時、胎児であった子も出生以降に対象になります。
・20歳未満で障害等級1級、2級の状態にあること。
・婚姻していないこと。

また、保険料納付にも条件があり、死亡日が含まれる月の前々月までの被保険者期間に、国民年金の保険料納付期間および免除期間、厚生年金保険の被保険者期間、共済組合の組合員期間の合計が3分の2以上あることが必要です。なお、死亡日が平成38年3月末日までのときは、死亡した人が65歳未満ならば、死亡日が含まれる月の前々月までの直近1年間に保険料の未納がなければ良いことになっています。

受け取れる金額は78万1000円＋子ども二人目までそれぞれ22万4500円、第三子以降はは各7万4800円がプラスされます。

「遺族厚生年金」は、厚生年金の被保険者または被保険者だった人が次の条件に当てはまる場合に、遺族が受け取ることができます。

・厚生年金保険の被保険者である間に死亡したとき。

・厚生年金保険の被保険者期間に初診日がある病気やケガが原因で、初診日から5年以内に死亡したとき。

・1級、2級の障害厚生（共済）年金を受け取っていた人が亡くなったとき。

・老齢厚生年金の受給権者、または老齢厚生年金を受け取るために必要な加入期間（保険料納付済期間と保険料免除等期間を合わせて25年以上）を満たしている人が亡くなったとき。

遺族厚生年金を受給できる遺族は死亡したときに生計維持関係にあった妻・子・孫（年金上の子に該当する期間）。そして、死亡当時55歳以上の夫・父母・祖父母（支給開始は60歳から）です。受給できる順位は配偶者または子、父母、孫、祖父母です。ただし、子のいない30歳未満の妻が遺族厚生年金を受ける場合、支給期間は5年に限定されています。

受け取れる金額は、老齢厚生年金の報酬比例部分の4分の3になることがポイントとなります。さらに受給する妻に40歳から65歳に達するまでの間、遺族厚生年金に**「中高齢寡婦加算」**として年58万5100円が加算されます。ただし、夫の死亡当時、妻の年齢が40歳以上65歳未満（子がいる人の場合は、子が18歳の年度末に達したときに40歳以上65歳未満）であることが条件です。また、妻が遺族基礎年金を受給している場合は、中高齢寡婦加算は支給停止となります。

妻が65歳になり、自分の老齢基礎年金を受けるようになると中高齢寡婦加算は支給されなくなりますが、中高齢寡婦加算に代わり加算される一定額を**「経過的寡婦加算」**といいます。これは、老齢基礎年金の額が中高齢寡婦加算の額に満たない場合が生じるときに、

65歳到達前後における年金額の低下を防止するため設けられたものです。ですが、昭和31年4月1日以前生まれの人に限っての制度で、金額は生年月日に応じて設定されています。

なお、公的年金の場合、一人が受けられる年金は、国民年金、厚生年金を通じて、同じ種類の年金をもらうのが原則ですが、65歳以降の遺族厚生年金は、ご自身の老齢基礎年金、老齢厚生年金と一緒に遺族厚生年金が併給される場合があります。

具体的には、ご自身の老齢基礎年金と老齢基礎年金を優先的に受け取り、老齢厚生年金と遺族厚生年金との差額があれば、遺族厚生年金が受け取れる仕組みとなっています。

実は、受け取る年金額が同じであっても、遺族、障害についての年金は非課税のため税金がかかりません。一方、老齢の年金については税金の対象になり、年金額によっては税金を納める必要が出てきます。同じ年金額であれば、税務上は遺族や障害の年金の方が有利といえます。

また遺族年金を受け取る権利がなくなるケースを挙げておきます。

（1）死亡したとき

（2）再婚したとき（事実婚を含む）

（3）直系血族および直系姻族以外の人の養子になったとき
（4）離縁によって死亡した人との親族関係がなくなったとき
（5）子・孫である場合は18歳になった年度の3月末日に達したとき（障害状態のある場合は20歳になったとき）、または18歳になった年度の3月末日後20歳未満で障害等級1級・2級の障害の状態ではなくなったとき
（6）30歳未満の「子のない妻」が遺族厚生年金を受け取る権利を得てから5年が経過したとき

等々があります。

介護保険

介護保険給付は7段階

日本人の高齢化が止まりません。平成27年の段階で65歳以上の高齢者が3395万人（総

人口に占める割合＝26・8％）、75歳以上の高齢者が1646万人（同13・0％）ですが、平成37年にはそれぞれ3658万人（同30・3％）、2179万人（同18・1％）と激増する見込みです。

当然のことながら、介護を必要とする人も激増するはずです。**「介護保険」**は、そういう人々を社会全体で支えるための制度です。加齢により心身の変化による疾病などで要介護状態になり、入浴、食事、排泄《はいせつ》などの介護や機能訓練、看護などの医療を要する人にその能力に応じて自立した日常生活を送ってもらうことが目的です。なお、介護保険の保険者（運営）は市区町村となっています。

この介護保険を使うことによって、家族（介護者）の心身の負担を軽くさせることはもちろん、何よりも金銭面の負担も減らすことができます。

被保険者は2種類に分かれています。

・第1号被保険者は、65歳以上の人で介護保険料は主に年金から天引きされます。

・第2号被保険者は、40歳以上65歳未満の人で給与所得者は月々の給与等から徴収されます。

図㊸　要支援・要介護認状態のめやす

介護区分		心身状態・運動能力の例
軽↓重	要支援1	介護状態とは認められないが、社会的支援を必要とする状態 掃除などの家事で介助が必要。食事やトイレは自分でできる。
	要支援2	部分的に介護を必要とする状態 （ただし、状態の維持や改善見込みあり） 立ち上がりや歩行が不安定で一部介助が必要。トイレや入浴に一部介助が必要。問題行動や理解の低下が見られることがあり、介護予防サービスを提供すれば状態の維持、または回復が見込まれる。
	要介護1	部分的に介護を要する状態 立ち上がりや歩行が不安定で一部介助が必要。トイレや入浴に一部介助が必要。問題行動や理解の低下が見られることがある。
	要介護2	軽度の介護を要する状態 立ち上がりや歩行が自力ではできない場合がある。トイレや入浴などに一部または全介助が必要。問題行動や理解の低下が見られることがある。
	要介護3	中等度の介護を要する状態 立ち上がりや歩行が自力ではできない。トイレ、入浴、衣服の着脱などに全介助が必要。問題行動や理解の低下がいくつか見られることがある。
	要介護4	重度の介護を要する状態 トイレ、入浴、衣服の着脱など日常生活の殆どに介助を必要とする。多くの問題行動や理解の低下が見られることがある。
	要介護5	最重度の介護を要する状態 トイレ、衣服の着脱、食事など生活全般に介助を必要とする。多くの問題行動や理解の低下が見られることがある。

資料：社会保険労務士事務所あおぞらコンサルティング作成

介護保険の給付を受けるには市区町村の認定を受ける必要があります。認定基準は要支援1、2から要介護1~5までの7段階に分かれています。要介護度別の目安については240ページの図㊸を参考にしてみてください。

介護保険の保険給付は、予防給付と介護給付に分けられています。予防給付というのは、要支援状態にある人に対する給付で介護予防が主な目的となっています。介護給付というのは、要介護認定を受けて常時介護を必要とする人に対するもので、在宅サービスと施設サービスがあります。在宅サービスには家事などのホームヘルプサービスから、通所サービス、福祉用具貸与などがあります。

一方の施設サービスには寝たきりの高齢者を介護する介護老人福祉施設、介護老人保健施設などがあります。もちろん、要介護度に応じて、1か月に利用できるサービスは違いますし、介護サービス費の支給限度額も違います。

242ページの図㊹を参照してください。たとえば、要支援1の人の場合は日常生活に支障がないので、1か月の支給限度額は5万30円（自己負担額は5003円）。サービスも限られているので自己負担額も少なくてすみます。もっとも重い要介護5の人は、ほとんど

図㊹　在宅サービスの利用限度とサービスの目安

要介護度		サービスの目安	負担額
要支援	1	週2回程度のサービス ・訪問介護、通所介護、通所リハビリの中から週2回程度	5,003円
	2	週3～4回程度のサービス ・訪問介護、通所介護、通所リハビリの中から週3～4回程度 ・福祉用具（歩行補助つえなど）の貸与	10,473円
要介護	1	1日　1回程度のサービス ・訪問介護、訪問看護、通所介護、通所リハビリの中から1日1回程度 ・短期入所…3ヶ月に1週間程度 ・福祉用具（歩行補助つえなど）の貸与	16,692円
	2	1日　1～2回程度のサービス ・訪問介護、訪問看護、通所介護、通所リハビリの中から1日に1～2回程度 ・短期入所…2ヶ月に1週間程度 ・福祉用具（歩行器・認知症老人徘徊感知器など）の貸与	19,616円
	3	1日　2回程度のサービス ・訪問介護、訪問看護、通所介護、通所リハビリの中から1日に1～2回程度 ・短期入所…3ヶ月に1週間程度 ・巡回型訪問介護（夜間）…1日1回程度 ・福祉用具（車いす、特殊寝台、マットレスなど）の貸与	26,931円
	4	1日　2～3回程度のサービス ・訪問介護、訪問看護、通所介護、通所リハビリの中から1日に2回程度 ・短期入所…2ヶ月に1週間程度 ・巡回型訪問介護（夜間）…1日1回程度 ・福祉用具（車いす、特殊寝台、マットレスなど）の貸与	30,806円
	5	1日　3～4回程度のサービス ・訪問介護、訪問看護、通所介護、通所リハビリの中から1日に2回程度 ・短期入所…1ヶ月に1週間程度 ・巡回型訪問介護（早朝・夜間）…1日各1回程度 ・福祉用具（車椅子、特殊寝台、エアーパットなど）の貸与	36,065円

資料：社会保険労務士事務所あおぞらコンサルティング作成

寝たきりの人が多いため、全面介護が必要なので支給額も36万650円（自己負担額3万6065円）となります。しかし、その分、自己負担額も多くなってしまいます。要介護状態にならないためにも、日頃から運動習慣などを身につけておくことが大事ですね。

高額医療費を軽減できる制度

前述した高額療養費制度は多額の医療費がかかったとしても、健康保険の治療の範囲内である限り、それほどには多額の医療費はかからないと説明しました。この高額療養費制度の他にも、高額となる医療費を軽減できる制度があります。

同一世帯に介護認定を受けている介護保険受給者がいる場合、毎年8月から1年間にかかった「医療費」と「介護サービス費」の自己負担分を合算し、基準額を超えた場合に、その超えた金額を支給しようというのが**「高額医療・高額介護合算療養費制度」**です。この制度は、公的な医療保険と介護保険の両方の合計額が一定以上になった場合に支給され、個人ではなく75歳以上は家族世帯単位で申請します。ただし、世帯は医療保険の加入制度が同じということが重要で、夫と妻の加入している医療保険制度が違うと合算の対象にはなりません。たとえば、後期高齢者医療制度（原則として75歳以上）に加入の夫と、国民健康保険や他の健康保険に入っている75歳未満の妻の場合も合算の対象になりませんので、ご注意ください。

また、高額療養費制度が月単位で負担軽減するのに対し、この制度は年単位で負担を軽減する制度です。高額療養費制度と同様に、医療保険各制度や所得・年齢区分ごとに自己負担限度分が決まっています。支払額は245ページの図㊺を見てもらえばわかると思いますが、たとえば、一般的な年金収入などをもらっている夫婦がともに75歳以上で、1年間（8月～翌年7月末日）に夫が医療費50万円、妻が介護保険50万円を払ったとしましょう。

医療費と介護費の自己負担額の合計は年間100万円。そこから56万円を引いた44万円が高額医療・高額介護合算療養費として支給されるのです。注意すべきなのは、医療費と介護サービス費のどちらか一方の額が0円の場合、この制度は使えないということです。

高額介護サービス費支給制度を忘れるな

介護保険は家族が在宅でするものを前提として作られた制度ですが、一方で介護離職が

図㊺　高額医療・高額介護合算療養費制度の自己負担限度額
（平成27年8月1日～平成28年7月末適用分）

	後期高齢者医療制度＋介護保険	健康保険又は国保＋介護保険	健康保険又は国保＋介護保険
年齢	75歳以上	70歳～74歳	70歳未満
年収約1,160万円以上 健保：標準報酬 月額83万円以上 国保：旧ただし書き所得 901万円超	67万円	67万円	212万円
年収約770万円～約1,160万円 健保：標準報酬 月額53万～79万円 国保：旧ただし書き所得 600万～901万円			141万円
年収約370万円～約770万円 健保：標準報酬 月額28万～50万円 国保：旧ただし書き所得 210万～600万円			67万円
年収約370万円未満 健保：標準報酬 月額26万円以上 国保：旧ただし書き所得 210万円以下	56万円	56万円	60万円
低所得者Ⅱ （Ⅰ以外の住民税非課税の人）	31万円	31万円	34万円
低所得者Ⅰ（年金収入のみの場合、年金受取額80万円以下などの総所得金額が0円の人）	19万円	19万円	

出典：厚生労働省保険局「保険局高齢者医療課説明資料」より

社会問題になっているように、介護のために会社を辞めたりするとたちまち生活が困窮してしまいます。離職にまで至らなくとも、仕事を続けながら介護をする家庭がかなり多いというのが実態です。仕事をしている間は、在宅サービスや施設サービスなどを頻繁に利用するわけですから、介護費用はかなりかさむことになり、家計を圧迫することにもつながります。このように公的介護保険を利用し、自己負担1割（一定以上の所得のある65歳以上の第1号被保険者の場合は2割負担）の合計額、同じ月に一定の上限を超えたときに支給されるのが、**「高額介護サービス費支給制度」**です。

この制度は、各市区町村が実施するもので、個人の所得や世帯の所得に対して上限が異なります（図㊻参照）。ザックリというと、同一世帯内に145万円以上の課税所得がある65歳以上の人がいる場合は、1か月の負担額の上限が4万4400円となります。ただし、

・同一世帯に65歳以上の人が1人の場合は、その人の収入が383万円未満。

・同一世帯に65歳以上の人が2人以上いる場合は、それらの人の収入の合計が520万円未満の場合、3万7200円で済みます。

図㊻を参照しながら、世帯合算なしと世帯合算ありのケースでシミュレーションしてみ

図㊻　高額介護サービス費制度

区分	負担の上限（月額）
現役並み所得者に相当する方がいる世帯の方	44,400円（世帯）*
世帯内のどなたかが市区町村民税を課税されている方	37,200円（世帯）
世帯の全員が市区町村民税を課税されていない方	24,600円（世帯）
・老齢福祉年金を受給されている方 ・前年の合計所得金額と公的年金等収入額の合計が年間80万円以下の方等	24,600円（世帯） 15,000円（個人）*
生活保護を受給している方等	15,000円（個人）

※「世帯」とは、住民基本台帳上の世帯員で、介護サービスを利用した方全員の負担の合計の上限額を指し、「個人」とは、介護サービスを利用したご本人の負担の上限額を指します。

出典：厚生労働省ホームページ

ましょう。

（世帯合算なし）自己負担上限額１万５０００円の単身高齢者が１か月に２万２０００円を負担した場合、２万２０００円－１万５０００円＝７０００円が高額介護サービス費として戻ってきます。

（世帯合算あり）自己負担額上限３万７２００円の世帯で、１か月間に夫が６万円、妻が４万円負担した場合、

・夫は（６万円＋４万円－３万７２００円）×６万円／（６万円＋４万円）＝３万７６８０円

・妻は（４万円＋６万円－３万７２００円）×４万円／（６万円＋４万円）＝２万５

１２０円

が、それぞれ返ってくるという計算です。

また、この高額介護サービス費制度とは別に、他にも介護保険を利用したお得な制度があるのでご紹介しておきます。

施設入所等にかかる費用のうち、食費および居住費は本人の自己負担が原則となっていますが、住民税非課税世帯である入居者には、申請すれば補足給付を支給し、負担を軽減する施策があります。ただし、平成27年8月からは、多額の預貯金を保有する人には補足給付は認められないことになりました。目安としては、単身者で１０００万円超、夫婦世帯で２０００万円超は対象外となり、金融機関への照会、不正受給に対してはペナルティとして加算金が課せられます。

また、施設入所に際して、世帯分離が行われることが多いと思いますが、配偶者の所得について、課税されている場合は補足給付の対象外となりました。

また公的介護保険サービスの利用者負担軽減のために、市区町村など自治体独自の助成が行われている場合があります。

「家族介護慰労金」が代表的なものですが、以前は自治体から「介護手当」の名称で支給されていたものです。重度（要介護度4または5）の低所得高齢者を介護している家族を慰労するため、自治体によって異なりますが年間10万～12万円くらいが支給されます。条件は在宅の高齢者を介護している家族で、原則として次のすべてに当てはまる場合です。

（1）高齢者が要介護認定後、1年間介護保険のサービスを利用していないこと（年間1週間程度のショートステイを除く）

（2）要介護者と介護をしている家族とも住民税非課税世帯である

（3）介護者が高齢者と同居、もしくは隣に住んでいるなど事実上同居に近い形で介護していること

年老いた親の介護に疲れて、生活にも困窮して無理心中などという悲惨な事件も増えています。こういう悲劇を引き起こさないためにも、こういった制度は頭に入れておいて、いざというときに備えましょう。

あとがき

私は学生だったころ、よくアルバイトをしておりました。そういう方は多いかと思います。

給料をもらうとき、だいたい、給与明細が入っていました。その給与明細には、学生だった私には、ところどころ不明な点がありました。「給与総額」の下に「源泉徴収」という欄があり、そこになにがしかの金額が書き込まれています。給料の1割くらいの額です。そしてその源泉徴収額を差し引かれた後の金額が、私が実際にもらえる額でした。

もちろん、学生の私には、源泉徴収の意味などはよくわかっていませんでした。それがどうやら税金らしいというのはわかりましたが、なぜそこに税金の額が記載されているかは知りませんでした。

本来、私のもらっている給料の額は、総支給額の方であり、源泉徴収額は、確定申告をすれば戻ってくるなんて、想像もしていませんでした。

学生時代、アルバイト収入は100万円にも届いていませんでしたので、確定申告すれば、必ず返ってきたはずのお金なのです。

給料の1割って、けっこう大きいものです。月7万〜8万円の給料だとしても、7000〜8000円です。それが数か月となれば、5万〜6万円になったりします。学生時代の5万〜6万円って大きいですよね？　ほぼ1か月分の給料です。

確定申告書を出すだけで、5万〜6万円になっていたというのに、今、考えても残念です。学生時代は、10円でも時給が高い仕事を懸命に探していたわけですし、もし確定申告をすれば1か月分の給料が戻ってくると知っていれば、どれだけ助かったでしょう。

知らないということは、本当に損なものです。

しかも、私がそれに気づいたのは、税務署に入って他人の確定申告の手伝いをするようになってからのことです。もし、税務署に入っていなければ、今でも知らなかったかもしれません。

情報を得るということは、難しいものですね。

世の中には、「知らないばかりに損をしている」という場面がけっこう多いように思われます。そして、その最たるものが、「サラリーマンの給与明細」だと思うのです。

サラリーマンの給与明細は学生の給与明細よりもずっと複雑です。わけのわからない部分はもっと多いでしょう。ですが、それをうまく読み解けなければ、大きな損をしてしまうことにつながるのです。

サラリーマン生活というのは、長い人では半世紀近くに及びます。その長い間、給与明細をよく知らずにいるということは、大変な損の積み重ねになるかもしれません。

本文でも何度か述べましたように、給与明細を読み解くことは決して難しいものではありません。基本的には、各項目を足し算、引き算、掛け算しているだけです。

各項目の意味も、それほど難解なものではありません。

そして、給与明細の内容がわかるようになれば、経済生活は全然違うものになるはずです。

給与明細はサラリーマンにとって、あなたの収入明細であるとともに、人生の設計図でもあります。あなたが将来に対して、どういう経済計画を立てているのか、いざというときの保障をどうつくっているのか、そういう情報が織り込まれています。

本書を読んでいただいたのをきっかけに、給与明細を今一度、眺めて、将来のことを考えてみてはいかがでしょう？　必ずや将来へのヒントがつかめるはずです。

最後に、小学館の小川昭芳氏をはじめ、本書の制作に尽力いただいた皆様に、この場をお借りして御礼を申し上げます。

平成28年春　著者

監修（第４章）／社会保険労務士事務所あおぞらコンサルティング
池田直子（特定社会保険労務士）
上野香織（社会保険労務士）
品田悠子（社会保険労務士）
図版作成／タナカデザイン

大村大次郎［おおむら・おおじろう］
大阪府出身。元国税調査官。国税局で10年間、主に法人税担当調査官として勤務し、退職後に経理事務所、経営コンサルタント、フリーランスのライター・作家となる。執筆、ラジオ出演、連続ドラマ『マルサ!!』（フジテレビ系）の監修など幅広く活躍している。ベストセラーとなった『あらゆる領収書は経費で落とせる』『税務署員だけが知っているヒミツの節税術』（共に中公新書ラクレ）のほかに『やってはいけない相続対策』（小学館新書）など多数のヒット作を上梓している。

編集：小川昭芳

知らないと損する給与明細

二〇一六年 四月六日 初版第一刷発行

著者 大村大次郎
発行人 菅原朝也
発行所 株式会社小学館
〒一〇一－八〇〇一 東京都千代田区一ツ橋二ノ三ノ一
電話 編集：〇三－三二三〇－五一一七
販売：〇三－五二八一－三五五五
印刷・製本 中央精版印刷株式会社

Printed in Japan ISBN978-4-09-825261-9